《아주 특별한 상식 NN-세계화》

자본의 세계화, 어떻게 헤쳐 나갈까?

THE NO-NONSENSE GUIDE TO GLOBALIZATION

by Wayne Ellwood

© New Internationalist Publications Ltd 2001

This translation from English of THE NO-NONSENSE GUIDE TO Globalization

first publishes in 2001 by arrangement with New Internationalist Publications Ltd., Oxford, UK.

All rights reserved.

Korean translation copyright © 2007 by Siwool Publishing Co.

Korean edition is published by arrangement with New Internationalist Publications Ltd

through Imprima Korea Agency.

이 책의 한국어판 저작권은 Imprima Korea Agency를 통해

New Internationalist Publications Ltd와의 독점계약으로 도서출판 이후(시울)에 있습니다.

저작권법에 의하여 한국 내에서 보호를 받는 저작물이므로 무단전재와 복제를 금합니다.

《아주 특별한 상식 NN-세계화》

자본의 세계화, 어떻게 헤쳐 나갈까?

웨인 엘우드 | 추선영 옮김

이후

《아주 특별한 상식 NN》이란?

우리 시대의 핵심 주제를 한눈에 알게 하는《아주 특별한 상식 NN》

이 시리즈는 2001년에 영국에서 처음 출간되기 시작했습니다. 'The NO-NONSENSE guide'라는 이름을 갖고 있었으나 한국판을 출간하면서 지금 이 시대를 살아가는 우리가 꼭 알아야 할 '특별한 상식'을 이야기해 보자는 뜻으로《아주 특별한 상식 NN》이란 이름을 붙였습니다. 세계화, 기후변화, 세계의 빈곤처럼 복잡하면서도 중요한 전 세계의 쟁점을 쉽게 이해할 수 있도록 기획된 책입니다.

각 주제와 관련된 주요 논쟁거리를 쉽게 알 수 있도록 관련 사실, 도표와 그래프, 각종 정보와 분석을 수록했습니다. 해당 주제와 관련된 행동에 직접 나서고 싶은 독자를 위해서는 세계의 관련 단체들이 어디에 있으며, 어떤 일을 하고 있는지 소개해 놓았습니다. 더 읽을 만한 자료는 무엇인지, 특별히 염두에 두고 읽어야 할 정보들은 어떤 것이 있는지도 한눈에 들어오게 편집했습니다.

우리 시대의 핵심 주제들을 짧은 시간에 쉽게 파악할 수 있게 도와주는 이 시리즈에는 이 책들을 기획하고 엮은 집단 '뉴 인터내셔널리스트New Internationalist'가 지난 30년간 쌓은 노하우가 담겨 있으며, 날카로우면서도 세련된 문장들은 또한 긴박하고 역동적인 책읽기의 즐거움을 느끼게 해 줄 것입니다.

　　다음 세대를 살아가는 데 알맞은 대안적 세계관으로 이끌어 줄 《아주 특별한 상식 NN》 시리즈에는 주류 언론에서 중요하게 다루지 않는 특별한 관점과 통계 자료, 수치들이 풍부하게 들어 있습니다. 이 시대를 살아가는 데 꼭 필요한 주제를 엄선한 각 권을 읽고 나면 독자들은 명확한 주제 의식으로 세계를 바라볼 수 있게 될 것입니다.

　　《아주 특별한 상식 NN》이 완간된 뒤에도, 이 책을 읽은 바로 당신의 손으로 이 시리즈가 계속 이어질 수 있기를 바랍니다.

《아주 특별한 상식 NN》, 어떻게 읽을까?

〈본문 가운데〉

▶ 용어 설명

본문 내용 가운데 특별히 중요한 용어는 따로 뽑아 표시해 주었다. 읽는이가 꼭 짚고 넘어가야 할 개념이나 중요한 책들, 사회적으로 의미가 있는 단체, 역사적 사건에 대한 설명들이 들어 있다.

▶ 인물 설명

역사적으로 중요한 인물, 각 분야의 문제 인물의 생몰연도와 간단한 업적을 적어 주었다.

▶ 깊이 읽기

본문 내용을 이해하는 데 부차적으로 필요한 논거들, 꼭 언급해야 하는 것이지만 본문에서 따로 설명하지 않고 있는 것들을 적어 주었다.

▶ 자료

원서에 있던 자료를 그대로 쓴 것이다. 본문을 읽을 때 도움이 될 통계 자료, 사건 따위를 설명하고 있다.

〈부록에 실은 것들〉

▶ 본문 내용 참고 자료

원서에 있던 자료 가운데, 본문과 따로 좀 더 심도 깊게
들여다보면 좋을 것들을 부록으로 옮겨 놓았다.

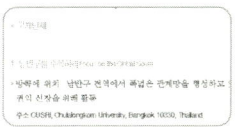

▶ 관련 단체

해당 주제와 관련된 활동을 펼치는 국제단체를 소개하
고, 웹사이트도 실어 놓았다.

▶ 원서 주석과 참고 문헌

더 찾아보고 싶은 자료들이 있다면 해당 주제와 관련된
정보를 친절하게 실어 놓은 부록을 통해 단행본, 정기간
행물, 웹사이트 주소를 찾아보면 된다.

▶ 함께 보면 좋을 책과 영화

이 책과 더불어 읽으면 좋을 책, 도움이 될 만한 영화를
소개해 놓았다.

1장 세계화, 옛날과 오늘날

2장 브레턴우즈 3인방

5장 전 지구적 도박판

6장 빈곤, 환경, 시장

7장 전 지구적 경제의 재설계

N▷부록

기업의 세계화는 완전히 실패했다

존 맥머트리(John McMurtry, 캐나다 온타리오 귈프Guelph 대학 철학부 교수)

　이 책에는 지구를 움직이는 체계에 대한 명확하고 풍부한 내용이 담겨 있기 때문에 지구의 장래에 관심을 가진 모든 사람들에게 중요하다. 이 책은 동아시아에 부유한 왕국이 존재한다는 전설을 신봉한 크리스토발 콜론이 그곳에 이르는 바닷길을 찾아 나선 항해에서 새로운 땅을 발견하면서 막을 올린 식민 시대에서 시작해, 초국적 금융 및 기업의 지배에 각국 경제를 종속시키려는 포괄적인 계획이 본궤도에 오른 오늘날의 '세계화' 체제까지를 다루고 있다.

　외국인들이 무역 장벽이나 투자 장벽에 구애받지 않고 각국의 경제와 문화를 착취할 수 있는 여건을 조성하기 위해 급속한 강제 개방이 이루어지는 곳이라면 어디에나 '불가피한 변화', '재구조화의 필요성' 같은 표어가 으레 따라다닌다. 하지만 '스스로 규제하는 전 지구적 자유 시장'이라는 지배적 이데올로기와 전세계에 적용할 규제를 세우는 일에 종사하는 무역 관련 법률가들이 수만 명을 헤아리는 현실 사이에는 커다란 차이가 있다. 이 비밀스럽고 신속한 과정을 통해 초국적 기업의 사사로운 요구들은 선거를 통해 선출된 각국의 입법부마저 자기 발 아래 두는 절대 권력으로 군림하는 것이다.

현실은 '자유 시장'과는 정반대다. 베를린 장벽이 무너진 뒤로 기업의 세계 지배를 위한 의제를 관철시키기 위해 전체 금융 세력과 이들의 이해관계를 대변하는 대중매체는 힘을 합쳐 각국 정부를 압박해 왔다. 이때 적용되는 규범의 성격은 정치적인 것이었지만 누구도 그 사실을 입 밖에 내지 않는다. 각국 정부는 앞다투어 이러한 의제를 승인했다. 그렇지 않으면 고삐 풀린 자본과 선거 자금은 다른 곳으로 이탈할 것이고, 승인을 거부한 지도자들은 기업과 한통속인 언론에게 무시당하거나 비웃음거리가 될 것이기 때문이다.

크리스토발 콜론Cristóbal Colón, 1451~1506

우리에게는 콜롬버스로 널리 알려진 인물이다. 이탈리아 제노바에서 태어났다. 포르투갈에 항해 탐험을 지원해 줄 것을 요청했다가 거절당하고, 해외 진출에 관심을 가졌던 에스파냐의 지원을 받아 항해에 나설 수 있었다. 1492년에 첫 항해를 떠나 바하마 제도의 와틀링 섬을 발견했고, 쿠바와 아이티도 발견했다. 1504년의 네 번째 항해에서 온두라스와 파나마 지협을 발견했다. 식민지를 건설하고, 그곳에서 금을 약탈했으며, 인디언을 살육하고 노예화하기도 했다. 그의 항해는 유럽인들이 아메리카 대륙까지 활동 영역을 넓히게 된 계기가 되었으며 신대륙은 식민지로 바뀌게 되었다. 콜롬버스는 죽을 때까지 자기가 발견한 땅을 인도라고 믿었다.

사람들은 '성장의 상승 파도가 모든 배를 띄워 올릴 것'이라는 명제에 안도한다. 그렇게 되기 위한 조건은 '세금이나 정부 규제의 부담에서 자유로이 전 지구적 시장을 무대로 경쟁하는 것'이다. 그러나 세계인의 생활수준 상승이나 새로운 자유와는 정반대쪽에 가혹한 현실이 자리 잡고 있다. 의료 보호, 문맹 탈피, 젊은 세대를 위한 장래 직업에서부터 생물 다양성 유지, 공기·물·토양·기후 같은 지구의 안전과 관련된 문제에 이르는 사회적·생태적 삶에 연관된 거의 모든 지표에서, 기업 위주의 세계화를 이루기 위한 사회의 재편이 생명을 점점 더 파멸로 몰아넣고 있음이 드러나고 있다.

이 책은 지구를 움직이는 체계 전반을 폭넓게 그리고 자세히 묘사하고 있다. 실제로 어떤 일이 벌어지고 있는지를 보여 줌으로써, 세계화의 지침이 되는 경제학이 사실은 삶이 무엇인지조차 알지 못한다는 사실을 폭로한다. 우리가 지구의 통치를 진정 지속 가능한 방향으로 전환하고자 한다면, 그 방향은 오직 돈으로만 살찌는 초국적 금융 세력의 이익을 위해 우리의 시민적 삶과 지구적 삶을 도구화하는 방향이 아니라, 바로 그러한 삶 자체를 최고 목적으로 두는 방향이어야 한다는 것을 인식해야만 한다.

기업의 세계화가 완전히 실패한 프로그램이라는 사실을 사람들이 깨닫게 될 때 비로소 이러한 방향 전환이 가능하다. 이 책 『아주 특별한 상식 NN—세계화』는 우리가 처한 현재의 조건을 명쾌히 설명해 주는 일종의 지도다. 이 책은 기업이 외치는 표어를 넘어 삶을 책임지는 정부를 추구하는 이들 모두에게, 세계 체계가 어떻게 잘못되어 왔으며, 또 앞으로 나아갈 길은 어디인지를 알려 주는 간략하고도 쓸모 있는 개론서가 될 것이다.

1. 인명·지명·작품명은 될 수 있는 한 '외래어 표기법'(1986년 1월 문교부 고시)과 이에 근거한 「편수자료」(1987년 국어연구소 편)를 참조해 표기했으나, 주로 원어에 근접하게 표기하는 것을 원칙으로 삼았다. 단, 국내에 전혀 알려져 있지 않거나 잘못 알려진 경우가 아니라면 이미 널리 알려진 표기법은 그대로 사용했다.

2. 본문에서 읽는이의 이해를 돕기 위해 간단한 설명이나 덧붙이고 싶은 말이 있을 경우에는 괄호 안에 적거나 본문과 다른 모양으로 편집해 넣었다. 단, 옮긴이가 덧붙인 경우 '옮긴이'라고 적었다.

3. 단행본·전집·정기간행물 등에는 겹낫쇠(『 』)를, 논문·논설·단편 제목 등에는 홑낫쇠(「 」)를, 논문 제목·영화·연극·방송 등에는 단꺾쇠(〈 〉)를 사용했다. 단체 이름에는 작은따옴표(' ')를 썼다.

4. 원서에 있던 본문 주석은 모두 부록으로 뺐다.

5. 이 책에서는 국제기구의 이름을 약자로 쓰지 않고, 되도록 풀어 썼다. 자주 등장하는 단체들은 다음과 같다.

세계무역기구(World Trade Organization, WTO)
국제통화기금(International monetary Fund, IMF)
국제부흥개발은행(International Bank for Reconstruction and Development, IBRD)
국제연합(United Nations, UN)
관세와 무역에 관한 일반협정(General Agreement in Tariffs and Trade, GATT)
국제연합무역개발회의(UN Conference on Trade and Development, UNCTAD)
서비스 교역에 관한 일반협정(General Agreement on Trade in Services, GATS)
신국제경제질서(New International Economic Order, NIEO)
세계보존연맹(World Conservation Union, IUCN)
경제협력개발기구(Organization for Economic Cooperation and Development, OECD)

세계화, 어떻게 헤쳐 나갈 것인가?

새로 맞이한 천년에 가장 많이 쓰이는 시대의 통용어이면서, 가장 이해도가 낮은 개념이 있다면 아마도 그것은 '세계화'일 것이다.

환경주의자, 인권 운동가, 노동조합 활동가, 제3세계 농민, 시민단체들은 시애틀, 워싱턴, 프라하에 모인 세계 파워 엘리트들의 회담장에서 세계화를 성토한다.▪ 다른 한편 경제학자나 경제평론가들은 '세계화'를 '역사상 불가피한 일'이라며 극찬하는 책들을 마구 쏟아 낸다. 그러나 이 용어의 진정한 의미는 무엇이며, 어떻게 해야 선전이 아닌 그 속에 숨겨진 진실을 알아낼 수 있는 것일까?

쉽지는 않겠지만 이 질문들의 답을 찾아야만 한다. 요즘 들어 세계화로 알려진, 다양한 문화와 경제가 얽히는 현상은 몇 세기에 걸쳐 확산되어 왔고 그 결과 세계는 축소되어 왔다. 이렇게 볼 때, 세계화는 해묵은 옛이야기다. 후추, 옥수수, 감자같이 한때 라틴아메리카에서 발견되었던 것들이 지금은 인도, 아프리카, 유럽에서도 보편적인 식품이 되었다. 인도네시아산 향신료는 카리브 해에서도 많이 사용된다. '신세계'로 끌려와 강제 노역에 시달렸던 아프리카 노예의 후손들은 이제 미국인, 자메이카 인, 캐나다 인, 브라질 인, 가이아나 인이 되었다. 유럽에서 태동한 산업혁명의 첫 번째 국면을 선도하는 데 일조했던 미국의 면화는 오늘날 이집트와 수단에서도 재배된다.

그러나 이제 세계화라는 '해묵은 옛이야기'는 최근 25년 동안 일어난 급속한 기술 변화로 인해 새로운 국면을 맞이했다. 극소

■ 깊이 읽기

세계무역기구 반대 집회

1999년 11월 30일부터 12월 3일까지 미국의 시애틀에서 세계무역기구 (World Trade Organization, WTO) 3차 각료 회의가 열렸다. 세계시장의 형성과 자본의 세계화를 꿈꾸는 세계무역기구에 반대하는 비정부기구 활동가들이 시애틀에 모여 세계의 양극화를 심화시키는 정책 결정을 비판했다. 회담은 뚜렷한 성과 없이 막을 내렸으며, 전 세계에 세계화를 반대하는 목소리들이 있음을 알렸다. 2003년 9월 멕시코 칸쿤에서 열린 세계무역기구 5차 각료 회의 역시 세계에서 몰려든 비정부기구 활동가들의 반대 집회 때문에 정상적으로 치러지지 못했다.

세계화에 반대하는 목소리는 세계무역기구 각료회의만을 상대로 이루어진 것이 아니다. 2000년 워싱턴과 프라하에서 각각 열렸던 국제통화기금 (International Monetary Fund, IMF)/세계은행World Bank 춘계 회의와 연차 총회에서도 세계화 반대의 목소리가 드높았다. 덕분에 회의를 조기 폐막하는 등 정상적으로 치러지지 못했다.

전자공학 혁명은 지구와 인간과의 교류의 본질에 돌이킬 수 없는 변화를 가져다주었다. 공간은 축소되었고 정보는 과거 그 어느 때보다도 빠르게 확산되고 있다. 이 과정에 일조한 인터넷과 월드와이드웹은 사업가들이 더 자연스럽고 효과적으로 의사소통할 수 있도록 만들어 주었고, 이러한 현상을 어떤 사람들은 경제성장의 '제3의 물결'■이라고 부르기도 한다.

동시에 이 새로운 의사소통 수단은 균일한 대규모의 상업 문화를 확산시키는 데도 기여했다. 디즈니 영화는 전 세계 아이들의 장난감이 되었다. 바비 인형, 패스트푸드 음식점, 힙합 음악, 기업이 주도하는 미국 스타일의 청년 문화는 코트디부아르 아비장의 빈민촌에서 시드니의 부유한 교외 지역에 이르는 세계 곳곳에서 수백만의 새로운 개종자들을 끌어들인다. 이제 우리는 타이

■ 깊이 읽기

제3의 물결

미국의 저널리스트 앨빈 토플러가 주창한 개념이다. '제3의 물결The Third Wave'에서 '제1의 물결'은 농경 기술을 발견한 뒤 1만 년을, '제2의 물결'은 산업혁명 뒤 기술 혁신을 이룬 3백 년을 가리킨다. 고도의 과학 기술 시대가 바로 '제3의 물결'인데, 기술 발전으로 가족 관계, 가치관 따위에서 엄청난 변화가 오는 시대를 말한다. 앨빈 토플러는 "제3의 물결에 올바른 자세를 가진다면, 새로운 정신 체계를 구축하여 훌륭한 미래 사회에 다다를 수 있다."고 말하며, 미래 사회에 대한 긍정적인 해석을 내놓았다.

음식, 중국 쓰촨 지방 음식, 멕시코 음식, 인도 음식을 아우르는 매우 다양한 '민족 고유의' 음식을 유럽, 북아메리카, 오스트레일리아 전역에서 만나볼 수 있다. 사실 영국인과 영국 관광객 중에는 세계화 및 그에 따른 음식의 '퓨전' 바람이 5백 년 영국 요리 역사상 최고의 사건이라고 생각하는 경우가 많다.

민족, 상품, 동식물, 기술, 사상이 전 지구적으로 교환되는 현상이 앞으로도 계속되리라고 믿을 만한 근거는 널려 있다. 변화의 과정은 멈출 수 없으며 나쁜 것도 아니다. 세계화는 여러모로 전세계 사람들에게 보다 나은 미래를 선사할 씨앗을 품고 있는 긍정적인 과정이다. 인류가 인간애라는 끈으로 단결한 공동체임을 인식하게 된다면, 세계화는 변화를 위한 긍정적인 힘으로 작용할 것이다.

그리고 알다시피 변화는 피할 수 없다. 인류는 언제나 미지에 대한 호기심을 가지고 자신이 사는 세계를 완전히 답사하려는 열망을 품어 왔기 때문이다. 호기심과 열정은 인간을 인간답게 만드는 특징 중 하나이다. 이 지칠 줄 모르는 정신이 세계화를 추진하는 원동력이며, 세계화는 매혹적이고 뿌리치기 힘든 장래의 희망이다. 계몽주의의 '자유주의적 인본주의'는 사회, 경제적 진보를 인류의 궁극적 목적으로 제시하는데, 세계화는 특히 서구인들이 마음속 깊이 간직한 인류 진보에 대한 믿음을 자극한다.

우리는 인류가 기술과 자연 세계에 대한 과학 지식을 향상시킴으로써 세계를 더 나은 곳으로 만들 수 있다고 확신한다. 이는 우리의 운명, 나아가 소명이다. 경제적 진보는 인간 발전을 가능하는 믿을 만한 지표이며, 전 지구적으로 통합된 시장이라는 이상은 경제적 진보라는 목적지에 이르는 필연적인 경로다.

국가 간에 상품과 서비스 무역이 가능하도록 경제를 확장해 가는 경제적 지구화가 더 평등하고 평화로우며 보다 덜 지역적인 세계로 진입하는 열쇠라고들 한다. 여러 세대에 걸쳐 지혜로 대물림된, 자유 시장이 인간 진보의 동력이라는 생각의 저변에는 시장 개방이 인간 사회가 가진 진정한 잠재력을 해방시키며, 자유로운 사상 활동·보편적인 인권의 확산·민주 정부에 대한 깊은 열망이 시작되는 곳이라는 관념이 자리 잡고 있다. 이 논리대로라면 결국에는 전 지구적 통합과 다른 문화 간의 이해를 바탕으로 인류의 보편성을 공유하는 새로운 합의가 정치적 지역주의를 사라지게 만드는 경계 없는 세계가 탄생하게 될 것이다.

이러한 논거를 무시할 수 없는 이유 중 하나는 경제적으로 번영할 것이라는 약속이 전혀 실속 없이 진행된 것이 아니라는 점이다. 우리는 믿기 힘들 정도로 많은 부와 기회가 존재하는 세계에 살고 있다. 오늘날에는 더 많은 사람들이 역사상 그 어느 때보다 더 오래, 더 건강하게, 더 생산적인 활동을 하며 살아간다. 그리고 그 대부분은 상품을 생산해 내는 산업자본주의의 비상한 능력에 기인한다. 문제는 부의 창출이 세계화의 필수 조건이 되었다는 점이다. 전 지구적 무역 장벽 제거라는 가치가 무분별하게 돌진해 옴에 따라, 우리가 공동체로 존속하는 데 긴밀한 가치인 사회적 목적들은 무시되고 있다. 세계화에는 생산성, 혁신, 창조력에 주요한 개선을 가져올 잠재력이 있다. 하지만 이 잠재력은 기획 전체를 좀먹을지도 모르는 기업 주도의 경제 통합 계획 때문에 무색해지고 있다. 현재의 자유 시장 모형은 모두를 위해 보다 나은 세계 건설에 한몫 거드는 것이 아니라, 민주주의와 평등 모두를 깎아내리고 있다.

부유한 사람과 가난한 사람의 격차가 확대되고, 점점 더 적은 사람의 손에 의사 결정 권력이 집중되며, 지역 문화가 소실되고, 생물 다양성은 파괴되며, 지역 갈등이 증가하고, 환경은 붕괴 직전이다. 이것이 인간 진보의 기회이지만 그 거대한 잠재력을 발휘할 수 없었던 세계화의 암울한 현실이다. 우리는 민족과 공동체라는 근본적인 인간의 욕구를 주변으로 밀어내고 체계 자체의 유지만을 추구하는 전 지구적 경제 체계를 가지게 된 것이다.

이 책 『아주 특별한 상식 NN─세계화』는 전 지구적 경제 체계의 역사, 구조, 실패와 그 체계의 작동에 이해관계가 걸려 있는 세력의 밑그림을 그린다. 우리가 어떻게 여기까지 왔으며 무엇이 위험에 빠졌는지 이해한다면 우리는 현재의 난국을 헤쳐 나갈 길을 찾을 수 있을 것이다. 이행과 변화를 위한 해답 찾기는 여전히 진행 중이며, 그중 일부를 이 책의 마지막 장에 제시할 것이다. 그러나 분명하고 엄연한 사실은 우리가 현재의 전 지구적 경제 체제를 바꾸는 일을 시작하지 않는다면 이내 세계화의 실질적 이득은 차오르는 불평등과 부정의의 물결 속에서 허우적거리게 될 것이라는 점이다.

마지막으로 주로 전 지구적 경제 체계에 초점을 맞추다 보니 문화적 세계화나 정치적 세계화에 대해서는 거의 다루지 못했음을 알려 두고자 한다. 물론 그 분야에 관련된 문헌이 매우 풍부하기 때문에 해당 주제에 대한 책도 어렵지 않게 나올 것이라고 믿는다.

토론토에서

1

세계화, 옛날과 오늘날

해묵은 세계화

시장의 마법

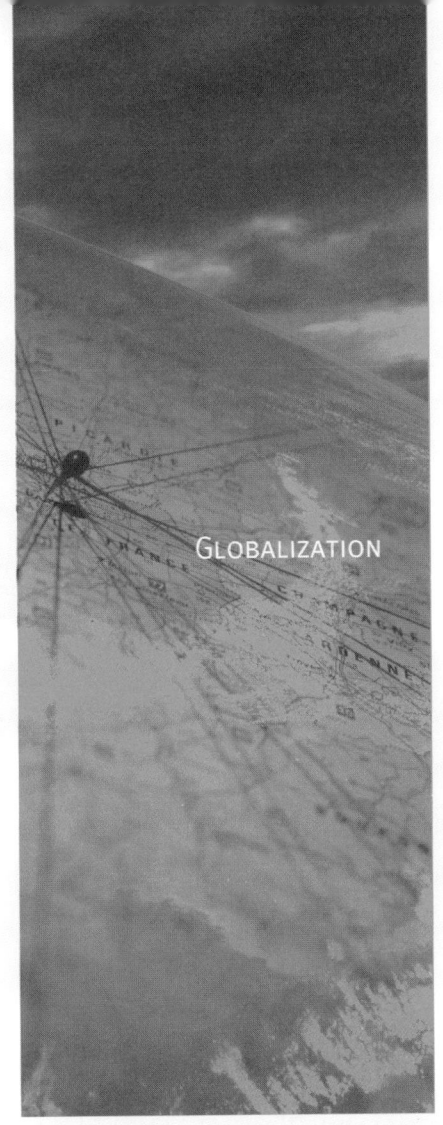

GLOBALIZATION

세계화는 언제 처음 시작되었나?

과거의 세계화와 오늘날의 세계화는 어떻게 다른가?

세계화를 이끄는 '시장의 마법'은 과연 긍정적인가?

01

세계화, 옛날과 오늘날

세계화라는 단어는 새롭지만, 이 단어가 묘사하는 과정은 5세기 전 유럽의 식민
시대 개막과 더불어 본격적으로 시작된 전 지구적 경제 통합이라는, 해묵은 과정
이다. 하지만 이 과정은 컴퓨터 기술의 폭발적 확산, 무역 장벽 제거, 다국적 기업
의 정치·경제적 권력 확장으로 인해 최근 사반세기 동안 그 속도가 빨라졌다.

    5세기 전, 휴대폰, 냉장고, 팩스, 자동차, 비행기, 핵무기가 없
던 시절, 어리석은, 최소한 당시에는 어리석어 보이던 꿈을 꾸던
사람이 있었다. 제노바 출신의 야심찬 선원이자 탐험가였던 크리
스토발 콜론은 어마어마한 부가 존재한다는 근거 없는 속설을 제
외하고는 별로 알려진 것이 없던 아시아에 대한 환상에 사로잡혀
있었다. 혹자는 탐욕이라고도 말하는 콜론의 집념은 국왕과 왕비
를 설득해 어둡고 끝없이 광대하게만 보이는, 훗날 '대서양'이라
고 알려질 물을 건너 미지의 땅으로 향하는 항해에 자금을 지원
하게 만들고도 남을 만큼 강렬했다. 콜론의 목적은 중국의 대제
와 그곳에 존재한다는 엄청난 양의 황금을 찾는 일이었다.
    그로부터 몇 백 년 뒤, 콜론은 아메리카의 '발견자' 크리스토

퍼 콜럼버스Christopher Columbus로 알려져 수백만의 취학 아동들에게 친숙한 유명 인사가 된다. 사실 이 사건은 '발견'이라기보다는 그저 우연에 가까운 일이었을 뿐이다. 콜럼버스가 대담했던 것은 사실이지만 아시아에 도착하기는커녕, 근처에도 가지 못했기 때문이다. 출항한 지 5주 정도 지난 후, 그는 자신이 청록색 카리브 해 위에서 열대의 태양을 받으며 항해하고 있다는 사실을 깨달았다. 콜럼버스는 주저 없이 '산살바도르(구원자)'라고 이름 붙인 바하마 제도 어딘가에 배를 대고 상륙했다. 그곳은 분명 지친 콜럼버스의 선원들에게 위로가 되었을 것이다. 선원들은 신선한 물과 신기한 먹을거리를 배에 실었다. 그리고 그 섬의 원주민인 타이노족Taino과 친분을 맺었다.

콜럼버스는 자신의 일지에 이들에 대한 기록을 남겼다. "원주민들은 세상 최고의 민족이며, 무엇보다도 친절하다. 원주민들은 우리 선원들에게 물이 있는 장소를 가르쳐 주려고 했고, 물을 가득 채운 통을 직접 배에 실어 주기도 했다. 그리고 기꺼이 우리를 즐겁게 해 줬다. 그들은 우리의 친구가 되었다. 이 얼마나 경이로운 일인가!"[1]

이후 약 이십여 년 동안 몇 번의 항해가 더 이루어졌다. 타이노족 대부분이 죽었고 카리브 해 연안의 다른 원주민들도 공격을 받거나 노예가 되었다. 게다가 세계화는 악의 없는 다른 문화 간의 교환 과정에서 벗어나 이내 부와 권력을 차지하기 위한 추잡한 쟁탈전으로 변질되었다. 지역 주민들이 유럽에서 건너온 질병에 걸려 사망하거나 문자 그대로 죽도록 일하는 사이 식민지 확보를 위해 수천 명의 유럽인이 새로 도착했다. 그들은 금과 은을 찾는 데 혈안이 되어 있었다. 이교도를 기독교인으로 교화시키겠다는 사명도 약탈 행위의 명분으로 작용했다. 결국 유럽인 정착자들은 카리브 해 연안 남북의 새로운 땅 대부분을 식민화했다.

아메리카 대륙에서 콜럼버스의 모험은 여러모로 중요한 의미를 갖는데, 특히 콜럼버스가 그 새로운 땅과 거기 사는 사람들에게 되도록 많은 부를 끌어내는 데 혈안이 되어 있었다는 사실에 주목할 필요가 있다. 하지만 더 중요한 것은 그의 항해를 통해 이후 450년간 지속되는 유럽 식민주의의 문이 열렸다는 점이다. 이것이 바로 오늘날의 전 지구적 경제의 초석을 놓은, 수세기에 걸친 제국의 시대였다.(214쪽, '횡포와 가난' 참고)

해묵은 세계화

용어는 새로울지 몰라도 세계화는 식민주의 역사에 깊이 뿌리내린 해묵은 과정이다. 제국주의의 대변인으로 유명한 영국의 세실 로즈는 1890년대의 식민주의를 간단한 몇 마디 말로 분명하게 옹호했다. "우리는 새로운 땅을 찾아내야만 한다. 그곳에서 우리는 원료를 쉽게 얻을 수 있고, 동시에 식민지의 원주민 가운데 활

세실 로즈Cecil Rhodes, 1853~1902
영국에서 목사의 아들로 태어나 1870년에 남아프리카로 건너가 거대한 재산을 모았고 남아프리카 경제계를 지배했던 인물이다. 케이프 주의 식민지 총독으로 있으면서 다이아몬드광, 금광은 물론 철도, 전신 사업에 손을 댔다. 전형적인 제국주의자로, 중앙아프리카 정복을 꿈꾸었다. 노골적인 침략 행위를 비난받아 총독에서 물러났고, 그 뒤 보어 전쟁 중에 병사했다.

용 가능한 사람들을 노예로 삼아 값싼 노동력으로 써먹을 수도 있기 때문이다. 식민지는 또한 본토 공장에서 생산한 잉여 상품을 대량으로 투매할 장소로 활용될 것이다."[2]

식민 시대 동안 유럽의 국가들은 전 지구로 지배권을 넓혀 나간다. 영국인, 프랑스 인, 네덜란드 인, 스페인 인, 포르투갈 인, 벨기에 인, 독일 인, 그리고 나중에 가세한 미국인은 이후 '제3세계'로 불리게 되는 지역과 오스트레일리아, 뉴질랜드, 북아메리카의 대부분을 소유하게 되었다. 어떤 나라들은 남북아메리카, 오스트레일리아, 뉴질랜드, 남아프리카 같은

● **뉴질랜드**─아오테아로아라고도 한다. 마오리어로 '길고 흰 구름의 나라' 라는 뜻이다. 옮긴이.

지역에 유럽인 정착지를 건설하려는 의도로 접근했으며, 또 어떤 나라는 아프리카, 아시아 같은 지역에 로즈가 꿈꾸었던 제품 판매 시장과 약탈에 관심을 가지고 접근했다. 1600년에서 1800년 사이에 헤아릴 수 없는 엄청난 부가 라틴아메리카를 빠져나가 유럽 산업혁명의 주요 자금원으로 활용되었다.

유럽 열강들이 새로 지배하게 된 지역에서 원료를 빨아들이던 식민 시대에 전 지구적 무역은 급속히 확장되었다. 캐나다산 모피, 목재, 어류, 라틴아메리카산 설탕, 육류, 금, 은, 카리브 해산 설탕, 럼주, 과일, 아시아산 아편, 차, 향신료를 실은 범선들이 대양을 종횡무진으로 누볐다. 식민지로 향하는 배에는 정착하려는 사람들과 가공된 상품들이 가득 실려 있었고, 본국으로 돌아가는 견고한 대형 범선과 유선형의 쾌속선에는 커피, 말린 야자열매

copra, 코코아가 가득 실렸다. 1860년대와 1870년대에 세계 무역은 호황을 누렸다. 유럽 열강들이 자신들의 구미에 맞춰 물자를 다량으로 쌓아 두던 시기였음에도, 이때가 국제 교역의 '황금기'였다. 해외 식민지에서 생산된 부는 프랑스, 영국, 네덜란드, 스페인으로 흘러들었지만 그중 일부는 철도, 도로, 항만, 댐, 도시에 대한 투자의 형태로 식민지로 되돌아갔다. 한 세기 전의 세계화 규모는 실로 대단한 것이어서, 1890년대 말에 북에서 남으로 이전된 자본 규모가 사실상 1990년대 말에 이전된 자본 규모보다 더 컸다. 증가하는 경제통합을 나타내는 지표인 수출이 전 지구적 생산에서 차지한 비중은 1999년보다 1913년의 비중이 더 컸다.

오늘날에도 대부분의 사람들은 세계화에 관련된 대화를 할 때 여전히 경제학에 대해, 그리고 '비교 우위' 개념에 기초한 상품과 서비스의 국제 무역 확장에 대해 이야기한다. 이 개념은 1817년 영국의 경제학자 데이비드 리카도가 그의 책 『정치경제학 및 과세의 원리*Principles of Political Economy, and Taxation*』에서 최초로 발전시킨 이론이다. 리카도는 각국이 자연적 우위에 있는 상품의 생산을 특화하여 적합한 시장을 찾는 것이 바람직하다고 기록했

데이비드 리카도David Ricardo, 1772~1823
영국의 유대인 상인의 아들로 태어나 백부에게 상거래 관습을 배우고, 아버지에게 증권 중개업을 배웠다. 아담 스미스의 『국부론』을 읽으면서 경제학에 눈을 떴으며, 스미스의 이론을 발전시켜 고전학파를 완성했다. 노동가치설에서 출발해 분배론에 이르기까지의 이론을 정리한 『정치경제학 및 과세의 원리』(우리나라에는 1991년, 비봉출판사에서 정윤형 번역으로 출간되었다.)를 썼으며 차액지대론, 임금생존비설을 제창했다. 그의 학설은 마르크스와 존 스튜어트 밀에게 각기 다른 방향으로 계승되어 전해졌다.

다. 리카도는 이것이 판매자와 구매자 모두에게 이득이 될 것이라고 믿었는데, 이를 위해서는 다음과 같은 조건이 충족되어야만 한다. 첫째, 무역 당사자 간에는 균형이 유지되어야만 한다. 그러려면 한 국가가 상대국에 대해 부채를 지고 있다거나 의존적이어서는 안 된다. 둘째, 투자 자본은 지역 내에 고정되어야만 하며 임금이 높은 나라에서 임금이 낮은 나라로 흘러가도록 허용되어서는 안 된다. 불운하게도 오늘날처럼 즉각적인 의사소통이 가능한 고도의 기술 사회에서는 이러한 핵심 조건 중 어떤 것도 충족될 수 없다. 그 결과 균형 잡힌 수입 수출과 지역적 자립을 양립시키고자 했던 리카도의 이상은 어디에서도 찾아볼 수 없게 되었다. 그 대신 외부 수출을 증가시키는 것만이 유일한 발전의 길이라는 수출 주도 무역이 경제적 의제를 지배하는 논리로 자리 잡게 되었다.

모든 나라와 모든 민족이 결국 무역 증가의 결실을 고루 누릴 것이라는 논리에 따라 세계 무역은 1990년대를 거치며 급성장했다. 이 시기에 세계 무역은 평균 6.6퍼센트 성장했으며 향후 십 년 동안 해마다 약 6퍼센트 정도의 성장률을 보일 것으로 예상된다. 사실상 전 지구적 무역은 1990년대에 3.2퍼센트였으며, 이후 십 년 동안 해마다 3퍼센트 성장할 것으로 추정되는 세계의 전체 생산 수준보다 빠르게 증가하고 있다. 이 같은 무역 확대로 새로운 천년의 초반에는 지구 전체의 소득이 5천억 달러에 육박할 것으로 예상된다. 그러나 오늘날의 세계화는 오십 년 전이나 백 년 전의 세계화와는 전혀 다르다. 지난 한 세기 동안 세계는 전 지구적 경제와 그것이 사람들과 자연 세계에 미치는 영향의 성격을 철저하게 바꾸는 방식으로 변화해 왔다. 심지어는 금융 투기를 일삼는 조지 소로스George Soros 같은 거대 자본가조차, 최근의 전 지구적 경제가 나아가는 방향의 저변에 자리 잡은 부정적인 가치를 의심하는 발언을 해 왔다.

"우리 사회에 지배적인 믿음이 있다면 그것은 시장의 마법에 대한 믿음이다. 자유방임 자본주의laissez-faire capitalism의 원칙에 따르면 개인의 사리사욕의 추구가 방해받지 않을 때 공공선이 가장 잘 달성된다고 한다. (…) 원칙에 대한 확신이 없기 때문에 사람들은 점점 더 돈을 가치 기준으로 삼게 된다. (…) 성공에 대한 숭배가 원칙에 대한 믿음을 대체해 버렸다. 사회는 닻을 잃어버렸다."

시장의 마법

'시장의 마법'이라는 개념은 새로운 것이 아니다. 이 개념은 근대경제학의 아버지 아담 스미스Adam Smith가 거의 이백오십 년 전에 쓴 선구자적인 책 『국부론The Wealth of Nations』을 출판한 이후로 여러 모습으로 나타나곤 했다. 그러나 스미스의 시장 개념은 오늘날의 세계화 찬미자들이 선전하는 것과는 커다란 차이가 있다. 스미스는 판매자와 구매자가 평등하고, 판매자나 구매자 중 누구도 시장가격에 영향을 줄 만큼의 규모를 이루지 못할 경우 시장이 가장 효율적으로 작동한다고 철석같이 믿었다. 이 조건이 만족될 경우 관련 당사자들 모두가 공정한 몫을 얻을 수 있으며, 전체 사회도 자연 자원과 인간 자원을 최상으로 이용하게 됨으로써 이득을 누리게 될 것이라고 말했다. 또한 스미스는 자신의 투자에 무슨 일이 발생하는지 인지하고 투자금 활용을 직접 관리할 수 있는 지역적인 자본 투자가 최상이라고 믿었다. 저술가이자 활동가인 데이비드 코르텐 David Korten은 스미스의 사상을 다음과 같이 요약한다.

● **국부론**—아담 스미스가 십년에 걸쳐 저술한 책이다. 원제 『국가의 부의 성질과 원인에 관한 고찰An Inquiry into the Nature and Causes of the Wealth of Nations』을 줄여서 칭하는 말이다. 아담 스미스는 자본주의가 가격 기능을 통해 질서를 만든다고 주장하여 경제학을 처음 성립시켰으며, 고전파 경제학의 창시자다. 중상주의와 중농주의 이론의 다른 편에서 영국 산업 자본을 대변하는 이론을 수립했고, '보이지 않는 손'이 사회의 이익을 키운다고 설명하는 등 경제적 자유주의의 선봉이었던 학자다. 우리나라에는 1992년, 동아출판사에서 김수행 번역으로 출간되었다.

"스미스가 말하는 이상적인 효율적 시장이란 소규모 자영 기업들로 이루어진 것이었다. 이 기업들은 그 소유주들이 거주하는 지역에 근거를 둔다. 그러한 소유주들은 공동체의 가치를 공유할 것이며, 자기들의 이해관계를 공동체의 미래에서 구할 것이다. 이러한 시장은 지역이나 나라에 헌신하지 않는 거대 기업들이 지배하는 전 지구적 경제와는 아무런 상관이 없다. 이 기업들은 다양한 투자 기관과 지주회사들을 매개로 실제 소유주들과는 동떨어진 전문인들에 의해 운영되기 때문이다."[3]

코르텐이 넌지시 말한 대로 오늘날 우리가 살아가는 세계는 아담 스미스가 살던 세계와는 아주 다르다. 가장 중요한 변화는 지난 이십오 년 동안 이루어진 통신 기술 혁명이다. 컴퓨터, 광섬유, 각종 위성, 전자 제품의 소형화는 상품과 서비스의 생산, 판매, 유통 및 전 지구적 투자의 형태를 급격하게 바꿔 놓았다. 최근 항공 운송이 개선되고 해상 운송이 저렴해지면서 기업들은 공장과 설비를 어디든 비용이 가장 저렴한 곳으로 옮기는 경향을 보인다. 기술이 개선되고 유가가 낮아지면서 상품의 항공 운송과 수상 운송이 대량으로 증가하게 되었다. 보잉 사社는 1985년에서 1997년 사이 항공 화물 운송이 세 배 증가했다고 밝히고, 앞으로 2015년까지 다시 세 배 증가할 것으로 예견했다. 현재 연간 1억 4천만 톤 이상의 석유를 연료로 소모하는 전 지구적 수상 운송 산업의 경우, 향후 십 년간 85퍼센트 증가하면서도 비용은 낮아질 것으로 예측된다. 수상 운송의 단위당 비용은 1980년대 이후 70퍼센트 하락했고, 항공 운송 비용은 지난 이십 년 동안 연평균 3퍼센트 내지 4퍼센트씩 하락해 왔다.

이같이 저렴한 운송 비용은 사실 순전히 금융 차원에서만 '저렴한' 것이다. 이 비용에는 생산, 포장, 마케팅, 노동, 부채, 이윤에 소요되는 이른바 '내부 비용'만이 반영될 뿐, 화석연료 사용을 증가시키는 화물 운송의 환경적 영향, 즉 '외부 비용'은 전혀 반영되지 않는다. 더 많은 상품이 지구를 한 바퀴 돌 때마다 오염이 증가하고 지구온난화와 기후변화의 주요 원인인 이산화탄소를 대기 중으로 배출하지만 기업은 기본적으로 이러한 환경 비용을 무시한다. 이러한 사정은 환경주의자들이 무역의 세계화를 반대하는 이유 가운데 하나로 작용한다. 환경주의자들은 비용을 사회에 떠넘긴 채 이윤만 챙기는 기업을 비판한다.

오늘날의 세계화가 이다지도 다르게 변해 버린 또 다른 주요한 이유는 1970년대 초반 이후 발생한 전 지구적 경제의 구조 변화와 관련을 가진다. 제2차 세계대전이 끝날 무렵 세계 무역 관리를 위해 출범했던 규범 체계가 붕괴한 것이다. 1944년 브레턴우즈 Bretton Woods에서 합의되었던 고정환율제는 이십오 년 동안 유지되면서 세계경제가 다소 안정적으로 성장할 조건을 마련해 주었다.

하지만 1980년 무렵 영국과 미국에 자유 시장을 신봉하는 근본주의적 정부가 들어서고, 그 뒤 소비에트연방의 국가에 의한 명령 경제가 붕괴하면서 모든 것이 변하기 시작했다. 영국의 마거릿 대처Margaret Thatcher와 미국의 로널드 레이건Ronald Reagan 행정부가 채택한 '경제 진보를 위한 처방'에 따르면 정부의 규제적 역할의 과감한 축소가 필요했다. 정부는 규제하기보다는 기업 경영진이나 자산 운용가들의 뒷전에 물러나 있어야만 했다. 이 처방의 철학을 종합해 보면, 비용을 최소화하고 투자자들에게 돌려줄 이익금을 극대화하기 위해 기업이 세계 어느 곳으로든 자유롭게 옮겨 다니며 활동할 수 있어야만 한다는 것이다. 자유무역, 구속받지 않는 투자, 규제 철폐, 균형 예산, 낮은 인플레이션, 공기업의 민영화, 이 여섯 가지를 국가 번영을 위한 6단계로 치켜세우는 소리가 요란하게 울려 퍼졌다.(216쪽, '성장 동력' 참고)

상품과 서비스의 자유무역 확산과 짝을 이뤄 세계 금융시장의 규제 철폐가 찾아왔다. 이제껏 국경 안에 갇혀 있던 은행, 보험회사, 투자 중개인들이 순식간에 풀려나왔다. 불과 몇 년 사이에 유럽, 일본, 북아메리카의 큰손들이 서로의 시장으로, 그리고 새롭게 열린 남반구의 유약한 금융 서비스 시장으로 진출했다. 컴퓨터 기술과 이들을 반기는 정부의 지원을 받으면서 거대 은행과 거대 투자 회사들은 당장 이윤이 나는 것이라면 무엇에든 열정적으로 돈을 쏟아 부었다. 이 새롭게 완화된 분위기 속에서 금융자본은 전 지구적 경제를 매우 불안정하게 만드는 요인이 되었다.

투기꾼들은 실물 상품과 서비스 생산 부문에 대한 장기적인 투자는 외면한 채 그저 돈 놓고 돈 먹기 식으로 배를 불린다. 자신들의 투자가 지역공동체나 국민경제에 미칠 충격 따위에 관심을 가질 리 만무하다. 각국 정부는 이 같은 전 지구적 금융 도박판의 여파로 발생할 불안정성에 두려움을 느낀다. 최근 국제연합(United nations, UN)이 수행한 연구 결과는 1990년대에 발생한 잦은 금융위기와 국제적 자본 흐름의 증가 사이에 직접적인 상관관계가 있음을 보여 준다.

1997년 7월에 시작된 동아시아의 통화 붕괴는 예민한 단기 투자자들이 야기한 피해 중에서도 가장 파국적인 사례다. 그때까지만 해도 타이, 타이완, 싱가포르, 말레이시아, 한국의 '호랑이 경제'는 세계화의 성공 사례였다. 자유 시장 확대를 옹호해 온 사람들은 이 나라들의 경제 형성에 있어 국가가 수행한 강력하고 적극적인 역할은 편의상 무시한 채, 고전 자본주의가 수백만의 개발도상국 사람들에게 부와 번영을 안겨 줄 것이라는 주장을 뒷받침하는 증거로 이 나라들을 지목했다.

1990년대 초반까지 각국 정부는 외국인 투자를 강력하게 통제했다. 한국과 타이완에서는 규제가 매우 심했고 타이와 말레이시아에서는 그보다는 덜했다. 그러나 국제통화기금 같은 기관들이 꾸준히 압력을 행사한 결과 이 '호랑이들'은 자본 계정을 개방하기 시작했고, 민간 기업들은 막대한 규모의 차입을 시작했다.

해외 투자자들이 두 자릿수의 수익률을 기대하며 이 지역에 달러를 쏟아 붓기 시작하자, 외국인 투자의 바다 속에서 놀라운 성장률이 수면 위로 떠올랐다. 1996년 한 해 동안에만 천억 달러에 이르는 자금이 동아시아 지역으로 흘러들어 갔다. 그러나 대부분의 현금은 위험부담이 큰 부동산 벤처 투자나 주식시장으로 흘러들었고, 이에 따라 주가는 실제 자산 가치 이상으로 크게 상승했다.

아시아의 '기적'을 이룬 국가 중 맨 처음으로 쓴 맛을 본 타이의 시장에는 부동산에 대한 과잉투자로 인해 2백억 달러의 가치를 가지는 미분양 신규 자산이 넘쳐났다. '카드로 지은 집'은 곧바로 무너졌다. 외국인 투자자들은 자신들의 돈 수십억 달러를 빌려간 타이의 금융기관들이 채무를 갚지 못할 것이라는 사실을 깨닫기 시작했다. 부동산 시장의 수익률 하락과 침체라는 유령이 찾아오자 투자자들은 처음에는 느리게, 그러나 이내 앞뒤 가리지 않고 채무 상환을 요구했고 투자 자금을 현금화했다.

불과 12개월 만에 동아시아 지역 전체에서 천 5십억 달러가 넘는 자금이 빠져나갔다. 이는 가장 심한 타격을 입은 나라들인 인도네시아, 필리핀, 한국, 타이, 타이완 지역 생산고의 11퍼센트에

당구공 자본

세계 곳곳을 누비는 단기적 투기자본이 지나간 자리에는 유린당한 경제와 비참한 사람들만이 남겨졌다. 인도네시아, 한국, 타이, 말레이시아, 필리핀 등의 동아시아에서는 1996년에서 1997년 사이 백이십억 달러 규모의 민간 부문 자본 흐름이 반전되면서 경제에 미친 파괴적인 결과로 고통 받았다.

아시아 금융위기 전후의 국내총생산(Gross Domestic Product, GDP)

단위 : %

	타이	인도네시아	말레이시아	한국
1980년~1990년 평균	7.6	6.1	5.2	9.4
1990년~1996년 평균	8.3	7.7	8.7	7.3
1997년 평균	-7	-16	-6	-5

동아시아의 자본 흐름

1997년 1,050억 달러 유출

1996년 93억 달러 유입

▶출처―*Human Development Report 1999*, UN Development Program / Oxford University Press; *Financial Frenzy, Liberation, Speculation and Regulation*, War on Want, London 1999.

해당하는 금액이다.[4] 아시아 각국 정부들은 자본을 통제할 장치들을 이미 모두 포기해 버렸기 때문에 펀드 자금의 대량 유출 사태에도 아무런 손을 쓸 수가 없었다. 어이없는 것은 금융 위기 발생 직전에 작성된 1997년 국제통화기금 『연례보고서 *Annual Report*』에는 타이가 '주목할 만한 경제적 성과'를 내고 '그에 부합하는 건전한 거시 정책 지표'를 가진 나라라고 소개되었다는 점이다.

국제통화기금의 판단은 틀린 것으로 판가름 났으며, 그 피해 또한 막심했다. 동아시아의 경제 위기는 사람들에게 직접적이고 파괴적인 고통을 안겨 주었다. 파산 지경에 몰린 기업들은 문을 닫았고 수백만의 노동자들이 해고당했다. 말레이시아에서는 1997년 7월에서 1998년 3월 사이 4백 개 이상의 회사가 파산을 선언했다. 같은 기간 금융 위기의 영향을 받은 나라 중 가장 가난한 나라였던 인도네시아에서는 인구의 20퍼센트, 즉 거의 4천만 명의 인구가 가난으로 내몰렸다. 경기 침체의 여파로 이후 몇 년 동안 가구 소득이 줄고 장래를 대비한 사회 서비스와 의료 서비스에 대한 정부 지출이 줄어드는 등 파괴적인 결과가 발생했다. 타이에서는 십만 명 이상의 아이들이 수업료를 납부하지 못해 퇴학당했다. 동아시아의 붕괴는 아시아 외부로 퍼져 나가며 연쇄반응을 일으켰다. 충격파는 라틴아메리카에 이르러 브라질을 경기 침체로 몰아넣었다. 러시아 경제는 더 심각한 피해를 입어, 성장률은 거꾸로 처박혔고 러시아 통화인 루블화는 국제 통화 시장에서 교환 수단으로서의 가치를 거의 상실했다.

제3세계

제3세계가 있다면 분명 제1세계와 제2세계도 존재할 것이다. 1952년 프랑스의 인구학자인 알프레드 소비Alfred Sauvy가 제3세계라는 용어를 처음 만들었을 때만 해도 이들 간의 구분선은 명확했다. 하지만 최근 몇 십 년 사이에 그 구분선은 희미해졌다. 제3세계(tiers monde, 가난한 나라의 세계)라는 용어는 프랑스어의 제3신분(tiers état, 프랑스혁명기의 제3신분 혹은 시민)에서 파생되었다. 제1세계는 북아메리카-유럽의 '서구 블록'을 지칭하며 소비에트가 이끄는 '동구 블록'이 제2세계를 구성했다. 이 두 집단은 최고로 강력한 경제력과 군사력을 가졌으며 보통 '냉전'이라고 부르는 이데올로기적 긴장 속에서 대치하고 있었다. 이제 막 식민 통치의 굴레에서 벗어난 아프리카, 라틴아메리카, 아시아, 태평양의 제3세계 신생독립국들은 동서 간 줄다리기에 연루되기보다 독자적인 길을 걷고자 했다. 1990년대 초반 소비에트연방의 붕괴 이후 제3세계라는 용어의 의미는 퇴색되었고 그 사용 빈도도 점차 줄어들었다. 이제는 대부분 '개발도상국', 세계의 다수, 혹은 그냥 남반구라고 말한다.

동아시아 경제 위기는 경제적 세계화가 해 왔던 '약속'에 평지풍파를 일으켰다. 이 위기를 통해 이 체계가 '전 지구의 관리자들'과 금융계 핵심 인물들의 약속처럼 안정적인 것만은 아니라는 사실이 처음으로 드러난 것이다. 전 지구적 경제는 사람들이 생각해 왔던 것보다 훨씬 더 부서지기 쉬웠고 따라서 폭발하기도 더 쉬웠다. 동아시아 지역이 서서히 회복되면서, 더 많은 사람들이 머리를 맞대고 세계화의 득실에 대해 따져보기 시작했다. 1999년 시애틀과 2000년 프라하에서 일어난 거대한 대중 저항을 예비하며 기업 위주의 세계화의 이익이 무엇인지에 대한 의구심의 싹을 틔운 것은 다름 아닌 동아시아의 금융 위기였다.

2

브레턴우즈 3인방

브레턴우즈

─국제통화기금, 세계은행 혹은 국제부흥개발은행,
관세와 무역에 관한 일반협정과 세계무역기구

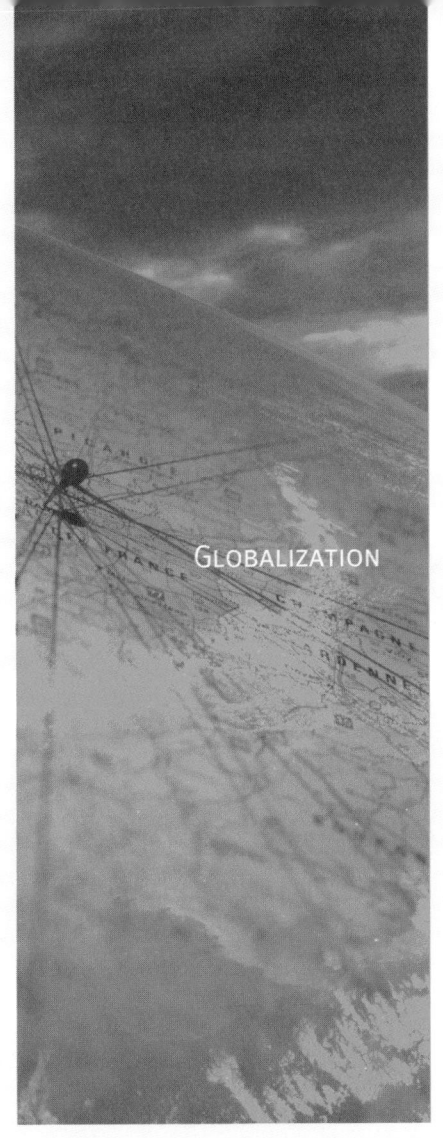

GLOBALIZATION

세계경제를 이끌어 가는 IMF, IBRD와 GATT 및
WTO의 역학 관계는 무엇인가?
이들 기구는 각 국가들의 경제적 이해관계를 조정
하는 데 효과적인가?

N

브레턴우즈 3인방

1930년대의 대공황으로 케인스주의와 개입주의 국가가 탄생한다. 제2차 세계대전이 끝나자 전승국들은 전 지구적 경제를 위한 새로운 규범을 구축하는데, 이 전후 금융 구조의 중심에는 '세계은행', '국제통화기금', '관세와 무역에 관한 일반협정(General Agreement in Tariffs and Trade, GATT)'이 자리한다. 그러나 몇 세기에 걸친 식민 통치에서 벗어난 제3세계 신생 독립국들의 등장 이후 이 기관들은 현상 유지의 중심 세력으로 변모해 간다.

    제2차 세계대전이 거의 끝나갈 무렵, 세계를 이끌던 '연합' 국, 즉 영국, 캐나다, 오스트레일리아, 뉴질랜드, 미국 출신 정치인들과 정부 관리들은 전후의 전 지구적 경제를 유지하기 위해 규범 체계를 수립할 필요성을 느끼기 시작했다.

    1939년에 전쟁이 넓은 지역으로 확산되기 이전부터 이미 세계 각지의 교역국들은 심한 경제공황에 시달리고 있었다. 1929년 미국 주식시장이 붕괴했을 때 각국은 자국 경제의 급제동에서 빠져나올 생존의 자구책으로 국내로 눈을 돌렸다. 그러나 전 지구적 규범 체계가 없는 상황에서 각국이 채택한 '근린 궁핍화 정책'▪에는 일관성도, 포괄적 논리도 없었다. 국가 간에 높은 관세 장벽이 구축되면서 국제무역이 급감하고 경제성장은 둔화되었으며, 대량 실업과 빈곤이 그 뒤를 따랐다. 결국, 1930년대의 서구 사회에는 자유방임 자본주의와 감독받지 않는 시장경제의 성장을 비판하는 급진적 정치학과 악의적인 사회적 소요가 만연했다.

칼 폴라니 같은 학자들은 사회적 가치나 인간의 복리보다는 돈과 투자자를 더 중요하게 생각하는 시장 중심 경제 모형에 대한 이러한 의구심을 강화했다. 폴라니는 그의 위대한 역작 『거대한 변환The Great Transformation』에서 다음과 같이 언급했다. "시장

■ 깊이 읽기

근린 궁핍화 정책

영국의 여류 경제학자 로빈슨J. Robinson이 명명한 것으로 상대방의 카드를 전부 빼앗는 것을 의미하는 트럼프 용어에서 유래했다.

세계경제 전체가 침체하여 각국이 불황으로 어려움을 겪을 때 흔히 쓰이는 국제 수지 개선책으로, 타국의 희생 위에 자국의 번영이나 경기 회복을 도모하려는 국제경제 정책을 말한다. 자국 수출을 늘리고 수입을 줄여 국내 경기나 고용 상태를 개선하는 대신 다른 나라에는 실업 증가와 경기 악화를 야기하는 자국 본위의 경제 정책으로, 구체적인 방법으로는 수출 증진을 위해서는 환율 인상, 임금 인하, 수출 보조금 지급 등의 방법이 있고 수입 억제를 위해서는 관세율 인상, 할당제 등이 쓰인다. 한 나라가 이러한 정책을 채택하면 다른 나라도 역시 같은 형태의 보복 조치를 취하므로 세계 무역은 침체하고 국제경제는 더욱 악화된다. 따라서 현재는 관세와 무역에 관한 일반협정이나 국제통화기금 등을 통하여 모든 나라가 국제 협조의 입장을 취하도록 강조되고 있다. 옮긴이.

기제가 인류와 자연환경의 운명을 좌지우지하는 유일한 세력이 되도록 내버려 둔다면 (…) 사회는 붕괴하고 말 것이다."

폴라니만이 시장경제를 불신한 것이 아니었다. 케임브리지 출신의 영향력 있는 경제학자 존 메이너드 케인스John Maynard Keynes 또한 전 지구적 시장을 통제해서 사람을 위해 작동하고, 그 반대로는 작동하지는 못하도록 만들 방법을 찾느라 고심하고 있었다. 케인스는 시장 체계의 힘을 존중하면서도 두려워했다. 1930년대 대공황의 기억을 생생히 간직한 케인스는 경계를 정해 확고히 통제하지 않으면, 자본주의는 스스로의 탐욕으로 인해 무력화되고 종국에는 자기 파괴적인 존재가 될 것이라고 예견했다. 공교롭게도 때마침 발발한 제2차 세계대전이 모든 것을 바꾸어 놓았다. 이 전 세계적 갈등 때문에 수백만의 군인이 전 방위적으로 배치되었고, 공장과 농장이 재가동되었다. 무기 제조업, 항공기 제조 공장, 여타 군수물자 납품 업계는 24시간 풀가동했다. 몇 년 동안의 전쟁이 끝나자 정부 정책을 결정하는 사람들은 전시의 경제를 평화기의 경제로 무리 없이 전환시킬 방법에 대해 생각하기 시작했다.

이때 케인스가 제시한 것은 경제가 다시 원활히 작동하도록 정부가 노력을 기울여야 한다는 급진적인 내용인 '개입주의 국가' 개념이었다. 1930년대의 세계적인 불경기를 겪기 전에는 실업이 자유 시장의 '정상 조건'으로 받아들여졌다. 경제가 경기 순환에 따라 상승과 하락을 반복하는 것은 정상적이며, 장기적으로는 성장과 전 지구적 무역 증가를 통해 새로운 일자리가 생기면서 실업을 흡수할 것이라는 논리가 그 시대 경제학계의 정설이었다.

케인스는 이 같은 학계의 정설에 회의적이었다. 케인스는 경제가 인간의 손으로 만들어 낸 인공물일 뿐이며 사람들이 정부와 함께 행동할 때 경제의 방향성을 통제할 수 있다고 제안했다. 케인스는 "장기적으로는 우리 모두 죽는데" 왜 당장 행동에 나서지 않느냐고 반문했다. 케인스의 접근법은 경제 침체의 늪에 빠져 어찌할 바를 모르고 허우적대던 정부에 탈출구를 제공했다.

1936년 『고용, 이자 및 화폐의 일반이론The General Theory of Employment, Interest and Money(조순 옮김, 비봉출판사, 1985)』에서 케인스는 자유 시장을 그냥 내버려 둘 경우 실업이 발생할 수밖에 없다고 논의했다. 수익률은 임금을 억제하고, 기술을 도입해 노동자를 대체함으로써 발생하는 비용 절감에 의존한다. 다시 말하면 수익과 일정 수준의 실업은 동반자 관계라는 것이다. 적어도 일정 기간은 수익을 내며 나쁘지 않은 것처럼 보일 것이다. 하지만 케인스는 임금 하락과 실업은 공장에서 생산한 상품을 구매할 사람들의 능력을 축소시킬 수밖에 없다는 사실을 제기했다. 수요가 감소하면 판매가 감소하고, 판매가 감소하면 기업가들은 더 많은 노동자를 해고할 수밖에 없다. 그 결과 인간에게 끔찍한 영향을 미치는 하향의 나선 운동이 시작된다고 케인스는 추론했다.

케인스는 '경제의 불씨를 살리기' 위해서는 정부가 적극적으로 개입해야 한다고 제안했다. 성장 전망이 어두울 경우 기업 소유자나 부유한 투자자들은 지갑을 열려고 하지 않을 것이다. 그러므로 경제가 나선형으로 급강하하면 정부 개입이 필요하다는 것이다. 정부의 개입 방식은 크게 둘로 나누어 교육, 보건 의료, 직업 훈련, 도로, 댐, 전차, 철도 같은 공공재에 대한 지출과 실업자에 대한 직접적인 금융 원조가 있다.

케인스는 경제성장을 개시하기 위해 활동하는 도중에 정부에 부채가 생기더라도 걱정하지 말라고 정치인들에게 조언했다. 빚을 지면서 할 만큼의 가치가 있는 일이었다. 경제에 직접 개입함으로써 정부는 수요의 불씨를 되살리고 하향의 나선 운동을 반전시키는 데 기여할 수 있을 것이다. 곧 기업들은 증가하는 수요에 부응하는 생산 증가를 위해 다시 투자하기 시작할 것이다. 이 말은 더 많은 노동자가 고용될 것임을 의미하며 고용이 늘어난 만큼 대중의 주머니에는 더 많은 돈이 채워지게 된다는 것을 의미한다. 일자리가 늘어나면 정부의 세입도 늘어난다. 결과적으로는 건강하게 성장한 경제로부터 거둬들일 세입이 늘어나므로 정부는 그동안의 채무를 갚을 수 있을 것이다.

실의에 빠져 있던 서구의 정부들은 경제 침체 탈출을 위해 '케인스주의적' 해법을 신속하게 채택했다. 미국의 루즈벨트 정부는 케인스의 직접적인 영향을 받아 '뉴딜New Deal' 정책을 시행했다. 1946년의 '미국고용법American Employment Act'에는 '고용, 생산, 구매력 극대화를 촉진할' 연방 정부의 책임이 반영되어 있다. 영국 정부 역시 1944년 '전쟁 이후의 높고 안정적인 고용 수준 유지'를 정부의 일차적 목적 중 하나로 채택했다.

캐나다, 오스트레일리아, 스웨덴 등의 나라들도 즉시 그 뒤를 따랐다. 케인스의 영향이 확산되었고 사람들은 결국 경제도 '인간 진보를 위해 봉사하도록 관리할 수 있는 과학'이라고 믿기 시작했다.

"경제 체계가 사회에 법칙을 정해 주는 시대는 지나갔다. 우리는 체계보다 사회를 앞세워 고려하면서 발전을 구가하는 시대의 증인"이라는 폴라니의 기록에는 종전 직전, 극대화된 낙관주의가 반영되어 있다.

브레턴우즈

이러한 확신과 신뢰를 바탕에 깔고 1944년 7월 세계 44개국 대표들이 뉴잉글랜드의 아름다운 휴양지 브레턴우즈에 모였다. 브레턴우즈 회의의 목적은 전쟁 이후의 전 지구적 경제의 뼈대를 새로 세워, 국가주권을 확립하고 장래의 금융 위기를 예방할 수 있는 안정적이고 협력적인 국제통화 체계를 확립하려는 것이었다. 요점은 자본주의의 매장이 아닌 구원이었다. 주요 안건은 고정환율제였다. 과거의 불황에 비추어 볼 때 변동환율제는 본질적으로 불안정한 제도이며 국가 발전 계획에 파괴적인 것으로 보였기 때문이다.

케인스는 브레턴우즈 회의에 상당한 영향력을 행사했다. 하지만 압력을 넣기도 하고 설득을 해 보기도 했지만 자신의 뜻을 관철시킬 수는 없었다. 미국의 거대한 군사적, 경제적 영향력은 극복하기 어려웠다.

브레턴우즈 회의는 '전 지구적 중앙은행global central bank'이 관리하는 세계 '준비통화reserve currency'를 만들자는 케인스의 제안을 거부했다. 케인스는 이 기관을 통해 무역 흑자 재정이 자동적으로 무역 적자 재정의 지원에 쓰이는 방식의 순환 체계를 구축하면 세계경제가 보다 안정적이고 공정한 체계가 될 것으로 믿었다. 그러나 케인스가 제안한 해결책은 세계경제의 발전소 역할을 맡고 싶어 했던 미국의 이해관계에 부합하지 않았고, 결국 브레턴우즈 회의는 케인스의 제안을 채택하지 않았다. 그 대신 브레턴우즈는 상품의 자유로운 이동을 바탕으로 하며 미국 달러화를 국제통화로 사용하는 체계를 선택했다. 미국 달러화는 금에 연동되며 1온스(28그램)당 금 가격은 35달러로 고정되었다. 사실상 미국 달러화는 '금이나 다름없는 것'이 되었고 이 조항 하나로 국제 교환의 기축 통화로 나서게 되었다.

브레턴우즈 회의 이후 전 지구적 경제를 두루 살펴보고 조정해 나갈 세 개의 관리 기관이 생겨났다. 이 세 기관은 전 지구적 차원의 경쟁과 법인 사업체를 옹호하는 상당히 편향된 입장을 갖고 있었다. 중립과는 거리가 멀었던 이 기관들은 각자 맡은 역할이 달랐다.

1. 국제통화기금(IMF)

국제통화기금은 공황이 남긴 상처와 전쟁으로 인한 황폐를 겨우 빠져나온 세계경제를 안정시키기 위해 이 땅에 태어났다. 국제통화기금은 "국제무역을 확장하고 안정적인 성장을 이룩하며 높은 수준의 고용을 유지하고 실질 임금을 높이는 데 기여할"것이라는 사람들의 기대 속에 출범했다.

'고정환율제'를 살피는 것이 국제통화기금의 주요 업무였다. 1930년대의 경제적 혼란은 상대국과의 관계에서 비교 우위를 누리기 위해 각국이 자국 통화를 평가절하하는 바람에 발생한 것이었다. 사람들은 국제통화기금을 설치해 이런 일이 다시 일어나지 않도록 사전에 방지할 수 있을 것으로 기대했다.

국제통화기금이 맡은 또 다른 업무는 각국 통화들 사이의 '교환 가능성convertibility'을 촉진하는 일이었다. 국경을 넘는 무역이 이루어질 경우 다른 통화와의 교환이 쉽도록 만들어 국제무역을 장려하려는 의도였다.

마지막으로 이 새로운 기관은 현금 흐름에 단기적인 어려움을 겪는 나라들에게 긴급 자금을 제공하는 '최종 대부자'의 기능을 수행했다. 케인스는 '국제청산동맹International Clearing Union'을 설립해 국제 수지에 문제가 생긴 나라들에게 무조건 대출을 제공하려는 생각을 가지고 있었다. 국내 수요를 지원하고 고용을 유지할 목적으로 제공될 대출은 '부대 조건 없이' 발행될 수 있었다. 그렇지 않을 경우 위기에 몰린 나라들이 적자를 메우기 위해 수입을 축소하고 국제시장에서 자국 경제를 은폐하게 될 것이기 때문이다.

케인스는 국제무역이 쌍무적 관계이며 '승자(흑자국)'에게나 '패자(적자국)' 모두에게 공히 균형을 바로잡을 의무가 주어진다고 주장했다. 사실상 케인스는 더 많이 수입하도록 흑자국에게 압력을 행사하여 그들의 흑자를 적자국으로 재순환시키자고 제안했다.

하지만 케인스의 의견은 지배적인 관점이 되지 못했다. 그 대신 해리 덱스터 화이트Harry Dexter White 미국 재무성 장관이 초안한 제안서가 국제통화기금의 바탕을 이루면서 국제청산동맹이라는 생각은 사라져 버렸다. 국제통화기금 회원국은 적자가 발생했을 때 자동적으로 대출을 받는 대신 복잡한 할당제에 의거해 결정된 액수만큼의 제한적인 대출을 받게 되었다.

한 나라가 국제통화기금 회원국이 되면 국제통화기금의 고유계정단위인 '특별 인출권(Special Drawing Rights, SDRs)' 체계에 따라 산정된 분담금을 할당받게 되는데, 세계경제에서 그 나라가 차지하는 상대적 위치에 따라 분담액이 달라진다. 이는 가장 강력한 경제국이 가장 큰 영향력과 권력을 가지게 됨을 의미한다. 예컨대 특별 인출권 분담금이 가장 큰 나라는 미국이며 액수는 대략 2백7십억 달러에 이른다. 분담금 규모에 따라 국제통화기금의 각종 회의에서 해당 회원국이 가지는 투표권 수나 변덕스러운 금융의 물결에 휩쓸렸을 경우 국제통화기금으로부터 받을 수 있는 외국환 액수 등 많은 것들이 달라진다.

국제수지 대출금리는 현행 금리보다 낮은 금리가 적용되며 회원국들은 이를 5년 내에 갚아야 한다. 국제통화기금이 이러한 대출금에 조건을 붙일 수 있는가의 문제는 장황하게 쓰여진 최초의 브레턴우즈 협정문에는 없었던 내용이었다. 하지만 해리 덱스터 화이트가 6개월 후 『외교문제Foreign Affairs』에 기고한 글에서 국제통화기금이 채무국에게 단순히 돈을 시혜하는 기관은 아니라고 규정함으로써 이 문제도 명백해졌다. 국제통화기금은 과거의 금본위제(217쪽, '금본위제' 참고) 하에서는 자연스럽게 일어날 수 있었을지 모르는 대책을 각국에 강요하게 된 것이다.

브레턴우즈 협정의 틀을 세운 사람들은 무역과 관세 장벽의 점진적인 축소를 지지했지만 자본이 국제적으로 자유롭게 이동하도록 허용하는 문제에는 큰 관심을 보이지 않았다.

영국 대표로 회의에 참석했던 케인스는 국경을 넘어선 자본의 이동을 엄격하게 통제하는 균형 잡힌 세계 무역 체계를 옹호했다. 미국 대표단은 모든 상품과 자본의 자유로운 이동을 강력하게 옹호했지만 케인스는 그렇게 될 경우 불평등과 불균형이 반드시 따라올 것이라는 자신의 주장을 굽히지 않았다.

2. 세계은행 혹은 국제부흥개발은행(International Bank for Reconstruction and Development, IBRD)

브레턴우즈 회의의 또 다른 핵심 목적 중 하나는 제2차 세계대전으로 인해 황폐해져 버린 각국 경제를 재건할 방법을 찾는 것이었다. 국제부흥개발은행은 경제 재건이라는 목표를 달성하기 위해 선도적인 역할을 맡을 기관으로 설립되었다. 국제부흥개발은행의 재원은 회원국의 출자금과 국제 자본 시장에서 차입한 돈으로 이루어졌다. 국제부흥개발은행이 회원국에게 제공하는 대출 금리는 일반 상업 은행의 시중 금리보다 낮은 금리가 적용된다.

설립될 당시 은행이 맡은 역할은 발전소, 댐, 도로, 공항, 항만, 농업 개발, 교육 체계 같은 경제적 '기간 시설' 정비에 쓰일 차관을 제공하는 것이다. 국제부흥개발은행은 제2차 세계대전이 끝난 유럽에 재건 자금과 개발 자금을 쏟아 부었다. 하지만 쓸 만한 시장을 원하는 산업이 급격하게 증가하고 있던 미국에게는 국제부흥개발은행의 조치가 너무 느리고 부족할 따름이었다. 결국 미국은 훨씬 좋은 조건의 마샬 플랜Marshall Plan을 시행해 차관이 아닌 원조금의 형태로 유럽 각국에 달러를 직접 공급하게 되었다.

1950년대에 유럽이 서서히 회복되면서, 국제부흥개발은행은 새로 독립한 제3세계 나라들로 눈을 돌렸다. 제3세계에서 국제부흥개발은행은 '세계은행'이라는 이름으로 불리게 된다. 남반구 나라들이 산업화 단계로 진입할 방법을 찾고 있었기 때문에, 세계은행은 이 지역에서 주요한 역할을 맡게 되었다. 당시 유행하던 경제 이론인 '성장단계론'에 따르면 개발도상국의 경제가 '이륙'하려면 기간 시설이라는 강력한 '활주로'가 반드시 필요했다. '기간 시설'을 구축하는 일은 세계은행이 스스로 설정한 자신의 역할 중 하나였고, 라틴아메리카·아시아·아프리카의 수력발전소나 고속도로 건설 계획에 자금을 지원함으로써 그 역할을 열정적으로 수행했다.

그러나 세계은행이 거의 무상에 가까운 대출 금리를 적용하여 차관을 제공했음에도 아주 아주 가난한 나라들은 그나마도 갚아 나가기 어렵다는 사실이 일찌감치 분명해졌다. 그래서 1950년대 말 세계은행은 국제개발협회(International Development Association,

IDA)를 구성하게 된다. 세계은행을 구성하는 국제개발협회는 초저금리나 무이자로 '연화차관(軟貨借款, soft loans)'을 제공하는 창구였다. 이로써 브레턴우즈 기관들과 무관하고 국제연합의 보호하에 운영할 수 있는 독자적 자금 기관을 설립하려던 새로 등장한 제3세계 나라들의 시도는 무산되고 말았다. 세계은행은 국제개발협회 외에도 두 개의 기관을 더 설립했는데, 하나는 세계은행이 승인한 개발 사업에 대한 민간 부문의 투자를

● **연화차관**―대출 조건이 비교적 까다롭지 않은 차관을 말한다. '경화차관hard loan'에 대응하는 말이다. 원래는 금이나 미국 달러화와 교환성이 있는 통화인 경화硬貨로 들여온 차관에 대해 교환성이 없는 통화인 연화軟貨로 갚을 수 있도록 인정하는 차관을 말한다. 최근에는 저금리 차관이라든지 반환 기간이 긴 차관 등을 포함하여 일반적으로 반환 조건이 까다롭지 않은 차관을 가리킨다. 옮긴이.

지원하는 국제금융공사International Finance Corporation이고, 다른 하나는 세계은행의 회원국에 투자하기로 결정한 외국 기업이나 개인 투자자의 위험을 보장하는 다국간투자보장기구Multilateral Investment Guarantee Agency이다.

3. 관세와 무역에 관한 일반협정(GATT)과 세계무역기구(World Trade Organization, WTO)

관세와 무역에 관한 일반협정은 개별 국가의 무역 장벽을 축소하고 제2차 세계대전 발발 전, 전 지구적 경제를 곤경에 빠뜨렸던 경쟁적 무역 정책을 중지시키기 위해 전 지구적 무역을 관장하는 일련의 규범을 세웠다. 관세와 무역에 관한 일반협정 조약 하에

서 관세 축소에 관한 7개 라운드의 협상이 진행되었고, 1986년 시작된 '우루과이라운드Uruguay Round' 가 그 최종 협상이었다.

1994년 3월 최종 회담이 완료됨에 따라 정치인들과 관료들은 모로코 마라케시에 모여 느슨한 구조의 관세와 무역에 관한 일반 협정을 대체할 새로운 기구로 세계무역기구 수립을 승인했다. 관세와 무역에 관한 일반협정과는 달리 세계무역기구는 국제기구로서 공식적인 지위를 부여받았다. 세계무역기구는 137개국의 회원국과 30개국의 '참관국'으로 구성되었으며 관세와 무역에 관한 일반협정의 권한을 새로운 방향으로 상당히 확장시켰다. 세계무역기구 협정문은 2만6천 쪽에 달하는 방대한 분량인데 그 분량만으로도 이 협정의 장황한 문체와 복잡성을 짐작하기에 충분하다. 세계무역기구 협정은 상품 무역에 초점을 집중시켰던 관세와 무역에 관한 일반협정에 통신, 금융과 투자, 운송, 교육, 보건, 환경 분야를 포함하는 160개 이상 영역에 영향을 줄 것으로 생각되는 '서비스 교역에 관한 일반협정(General Agreement on Trade in Services, GATS)' 을 추가했다.

관세와 무역에 관한 일반협정은 출범 당시부터 우월한 자신들의 권력을 양보할 생각이 없던 서구 선진국이 포진한 '부자들의 모임' 으로 알려졌는데, 세계무역기구도 부자 나라들이 지배한다는 전통을 이어 갔다. 루벤스 리쿠페로Rubens Ricupero 국제연합무역개발회의(UN Conference on Trade and Development, UNCTAD) 사무총장은 전 지구적 무역 규범이 "개발도상국에 매우 불리한 방향으로 편향되어 있다."는 사실은 "구체적 물증"을 제시할 수 있는가의 문제일 뿐이라고 언급해, 다자간 무역 체계에 대한 솔직한 심정을 털어놓는다. 리쿠페로는 선진국은 과거 몇 십 년 동안 자국 경제를 제3세계로부터의 농산물 수입이나 섬유 수입에 '적응시킬' 충분한 시간을 누려 왔으면서, 가난한 국가들에게는 서구 은행과 통신 회사에 자국 경제를 즉시 개방하라는 압력을 행사하는 까닭이 무엇인지 반문한다.

리쿠페로는 선진국이 개발도상국에서 의류와 섬유 수입을 제한하는 할당제 도입을 허용한 다자간 섬유 협정을 그 핵심 사례로 들었다. 다자간 섬유 협정은 1950년대 후반 미국 내 면화 산업을 보호하기 위해 미국이 '의무 면제waiver'를 요구하면서 시작되었다. 다자간 섬유 협정이 폐지되려면 무려 오십 년이나 걸리는 셈인데, 미국 내 생산자들이 해외로부터 들어오는 저렴한 섬유 수입품들에

• **다자간 섬유 협정**(multifiber arragement, MFA)—1974년 관세와 무역에 관한 일반협정에서 합의된 것으로 섬유 무역의 질서 있는 발전과 수출입 시장에서의 교란 요인을 제거하는 것을 목적으로 한다. 이 협정은 두 국가 간의 협정을 포함한 기존의 모든 제한을 철폐하는 동시에 섬유의 수입에 의하여 시장 교란이 존재할 경우는 관계 수출국과 협의하여 세이프가드(긴급 수입 제한) 조치를 발동할 수 있음을 규정하였다. 이 협정은 그 후 수정과 연장을 거듭하였으며, 가입국은 이 협정의 목적과 원칙에 합치되는 양국 간 협정을 자유로이 체결할 수 있도록 하였다. 한·미 섬유 협정, 한·캐나다 섬유 협정 등이 그 예다. 한편 1993년 12월 우루과이라운드 타결로 국제 섬유 협정은 십 년간 단계적으로 관세와 무역에 관한 일반협정에 통합하기로 하였고, 2004년 12월 31일 폐지되었다. 옮긴이.

적응하도록 만들어 줄 '일시적' 양보 조치라고 하기에는 지나치게 긴 시간이 아니냐고 리쿠페로는 언급한다.[1]

이와는 반대로 국제연합개발계획(UN Development Program, UNDP)에 따르면 개발도상국들은 한때 유행했던 '수입 대체 정책

(import substitution policies, 공업화 조기 달성을 위한 정부 개입 정책 중 하나로 선진국에서의 수입을 국산으로 대체하고자 하는 전략. 인도, 브라질, 멕시코 등에서 시행했다. 옮긴이.)' 포기와 무역 장벽 축소를 더욱 바라고 있었던 것으로 나타나서 대조를 이룬다. 예컨대 인도는 1990년 평균 82퍼센트이던 관세를 1997년 30퍼센트로, 같은 기간 브라질은 평균 25퍼센트이던 관세를 12퍼센트로, 중국은 1993년 43퍼센트이던 관세를 4년 만에 18퍼센트로 낮췄던 것이다.

세계무역기구는 자유무역 의제 하나만을 정말 열심히 추진한다. 하지만 세계무역기구가 설정한 전 지구화 의제에 대한 불안감은 더해만 간다. 비판가들은 특히 새로 도입된 '분쟁 해결 기구 (Dispute Settlement Body, DSB)'에 대해 우려를 표시한다. 분쟁 해결 기구는 한 회원국이 다른 회원국에 대해, 특히 전 지구적 무역 규범에 대한 세계무역기구의 해석에 동의하지 않는 국가에 대해 세계무역기구가 시행하는 강력한 무역 제재를 승인하는 법적 도구를 제공하기 때문이다. 딴 속셈을 가진 회원국이라도 세계무역기구 규정에 어긋난다는 이유를 들어 다른 나라의 법률이나 규제에 대해 이의를 제기할 수 있다.

관세와 무역에 관한 일반협정 체제 하에서는 규범에 따르지 않는 회원국에 대한 규제가 필요할 경우 반드시 모든 회원국의 동의가 필요했었다. 세계무역기구는 그보다 훨씬 막강한 권력을 가지고 있다. 분쟁 해결 패널은 임명된 '전문가'로 구성된다. 이들은 폐쇄된 문 뒤에 앉아 사례에 관한 보고서 따위를 읽고 결정을 내린다. 일단 제재가 결정되면 회원국 전체가 반대할 경우를 제

관세와 무역에 관한 일반협정/
세계무역기구의 승자와 패자

2000년 무역 자유화로 인한 이득과 손실 예상(관세와 보조금의 30퍼센트 삭감 반영)

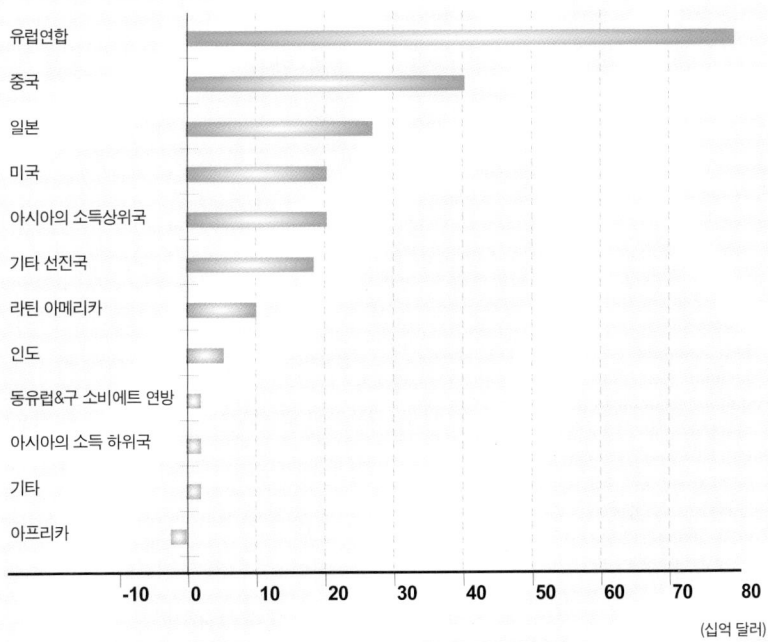

▶출처—Goldin et al, *Trade Liberalization: Global Economic Implications*, OECD/World Bank, Paris, 1993.

외하고는 이를 피할 방법이 없다. 회원국 전체의 반대를 얻어 내는 것이 현실적으로 불가능하다는 점을 감안할 때, 세계무역기구는 무역 지상주의 체제라고 해도 과언이 아니다. '국익'의 관점에서 유지되는 환경법, 노동 기준, 인권법, 공중 보건 정책, 문화 보호, 식량 자립 및 기타 정책들도 자유무역을 가로막는 데 대한 불공정한 '장애물'이라며 공격받을 수 있다.

'공평한 경쟁의 장'을 만들겠다는 세계무역기구의 목적 앞에 국가의 입법권이 무릎 꿇은 사례들은 이미 존재한다. 유럽연합 (European Union, EU)의 바나나 수입을 대상으로 최근 세계무역기구가 내린 결정이 핵심 사례다.[■] 세계무역기구의 '최혜국' 조항은 어떤 회원국에서 생산되는 것이든 비슷한 상품에 대한 동등한 대우를 요구한다. 하지만 유럽연합은 로메 협정Lomé Convention에 입각해 과거 유럽의 식민지였던 아프리카, 카리브 해, 태평양 지역에서 수입되는 바나나에 특혜를 주어 왔던 것이다. 이 지역의 바나나 생산자 대부분은 미국을 대표하는 돌 사社나 치키타 사社가 살충제를 많이 쓰는 플랜테이션 방식과는 달리 살충제를 덜 쓰는 소규모 자영농이다.

• 로메 협정—유럽공동체 9개국과 아프리카, 카리브 해, 태평양 지역의 개발도상국 46개국 간에 체결된 무역협정을 말한다. 1975년 2월 28일에 체결되었다. 로메 협정의 주 목적은 아프리카, 카리브 해, 태평양 지역 여러 나라의 주요 일차 상품 12품목, 즉 커피, 코코아, 땅콩, 바나나, 목화, 팜유, 코코넛, 철광석, 홍차, 목재, 피혁, 사이잘삼 수출을 보장하여 소득을 안정시키는 것이었다. 옮긴이.

유럽연합은 과거 식민 지역에 대한 주권국의 외교 정책 문제일 뿐이라고 강변했지만, 미국은 유럽연합의 관세 조치 때문에 중앙아시아에 위치한 자국의 바나나 기업들이 유럽의 황금시장에 접근할 수 없게 되었다고 주장했다. 미국의 편을 든 세계무역기구는 유럽의 특혜 조치가 불공정하다고 결론지었다. 바나나 무역이 주요 소득원이던 카리브 해의 작은 섬나라들은 이 결정 때문에 안정적 시장을 빼앗기고 관련 산업이 파괴될까 봐 걱정한다.

■ 깊이 읽기

미국과 유럽의 바나나 전쟁

미국과 유럽연합의 바나나 분쟁은 유럽연합의 바나나 수입 제도가 과거 유럽 식민지였던 카리브 해 연안국과 남미 국가들에게 특혜를 부여하면서 피해가 막심하다며 1999년 미국이 경제 제재를 공언한 데서 비롯되었다. 1993년 7월 도입된 유럽연합의 바나나 수입 제도는 유럽연합의 총수입량을 한정하고 영국, 프랑스가 과거에 식민지로 지배했던 아프리카, 카리브 해, 태평양 지역 국가의 바나나를 우선 수입하기로 했다. 중남미 지역 등에 진출한 돌 사社나 치키타 사社 등 미국의 대규모 플랜테이션 기업들에게는 차별적인 제도였기 때문에 미국은 유럽연합이 수입 차별 관행을 시정하지 않을 경우, 보복 관세를 매기겠다고 으름장을 놓았다. 미국은 1997년 5월 유럽연합을 세계무역기구에 제소했고, 1999년 승소했다. 클린턴 행정부는 유럽연합이 세계무역기구의 결정에 승복하지 않자 핸드백, 지갑, 건전지, 커피 메이커, 목욕용품 등 유럽연합의 수출품 일부에 대해 100퍼센트의 보복 관세를 부과, 이들 상품의 미국 수출을 사실상 봉쇄해 왔다. 2001년 4월, 미국과 유럽연합은 바나나 무역 분쟁 해소에 전격 합의하고 유럽연합이 미국 및 남미의 바나나 수출에 대한 차별을 시정하는 대신 미국은 보복 관세를 철회하기로 했으며, 2001년 7월 1일 미국이 보복 관세를 철회함으로써 8년을 끌어온 미국과 유럽연합의 바나나 전쟁은 막을 내리게 된다.(『아주 특별한 상식 NN―공정 무역』제4장 참고) 옮긴이.

모든 국가는 분쟁 해결 기구에 자신의 경제적 이해관계를 호소할 권리를 가진다. 그러나 세계의 주요 무역국이 곧 가장 강력한 경제 주체인 것이 현실이기 때문에 새로운 규범은 강대국이 약소국을 지배하는 데 활용되는 경향이 있다.

'내국인 대우 조항national treatment clause'은 기본적으로 이유 여하를 막론하고 외국산 상품을 차별하면 안 된다는 것이다. 그럼으로써 이 조항은 국민들의 도덕적, 윤리적, 경제적 이득을 고려해 경제정책을 개발할 각국 정부의 권한을 말소한다. 예컨대 아동 노동을 착취하는 작업장에서 생산된 제품이라고 해도 별 문제가 아니다. 해외에 위치한 공장이 대기를 더럽히고 물을 오염시키건, 최저임금도 받지 못하는 노동자들이 생산한 물건이건, 유독하고 위험한 상품이건 상관할 필요가 없다.

세계무역기구 규범에 따르면, 특정 상품이 공중 보건에 해롭거나 환경에 유해하다는 이유로 수입을 거부하는 나라가 있다면 거부하는 측이 직접 그 유해성을 과학적으로 입증해야 한다. 그러므로 세계 최대 석면 생산국인 캐나다는 발암물질로 알려진 제품을 수출하기 위해 세계무역기구의 분쟁 해결 패널에 탄원했다. 유럽공동체(European Community, EC)에 수입하라는 압력을 넣어달라는 내용이었다. 그리고 유럽연합이 북아메리카산 호르몬 사육 쇠고기 수입을 거부했을 때 미국은 호르몬을 먹인 소가 인간의 건강에 아무런 해를 주지 않는다고 주장하면서 이 문제를 세계무역기구로 가져갔다. 호르몬을 사용해 소를 사육하지 못하도록 한 유럽연합의 조치는 해외 생산자와 마찬가지로 유럽연합의

축산농에게도 적용되는 것이었다. 하지만 이러한 사실이 세계무역기구의 결정에 별다른 영향을 미치지 못했다. 세계무역기구 패널이 미국의 손을 들어주었기 때문에 사실상 호르몬 반대를 뒷받침하는 법률을 통과시킬 유럽의 권한을 부정하는 결과를 초래했다. 유럽연합에게는 해마다 미국과 캐나다의 생산자가 수출 금지로 입는 손실액을 보상하라는 명령이 내려졌다. 그리고 미국은 보복 조치로 겨자, 돼지고기, 송로truffles, 로크포르 치즈를 포함한 유럽산 수입품에 대해 100퍼센트 관세를 부과했다.

그 사이 미국에 본사를 둔 거대 운송 회사인 유피에스(UPS) 사社는 세계무역기구 분쟁 해결 패널에 캐나다 정부가 운영하는 우편 서비스를 제소하라고 미국 정부에 로비를 벌였다. 유피에스 사社는 우편 회사에 보조금을 지급하는 캐나다 정부의 불공정한 처사로 잠재 고객을 빼앗기고 있다고 했다. 그러자 이번에는 캐나다 정부가 캘리포니아에 본사를 둔 회사가 캐나다의 생수를 해외로 수출하지 못하도록 하는 방안을 고려 중이라고 발표했다.

경제적 세계화를 이룩한 신세계의 현실은 이렇듯 뒤죽박죽이다. 브레턴우즈 협정을 계기로 반세기 전 탄생한 기관들은 세월이 흐르면서 그 영향력이 점점 더 커지고 있다. 그 기관들이 추구하는 이상과 의제가 전 지구적 경제의 방향을 설정한다. 그들은 힘을 합해 세계 최대 규모의 은행들과 기업들의 간절한 바람인 무역과 투자의 자유화를 추진하는 중이다. 그들은 규제 철폐, 민영화, 기업 주도의 자유 시장이 인류가 안고 있는 문제의 해답이라고 주장하지만 안타깝게도 이를 뒷받침할 증거는 찾아볼 수 없다.

3

부채와 구조 조정

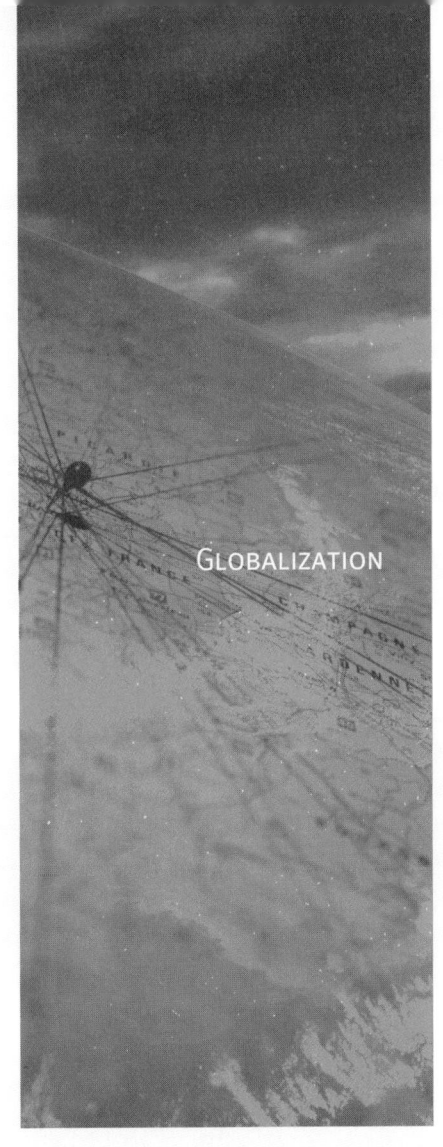

GLOBALIZATION

개발도상국의 부채는 어째서 갚아도 갚아도 끝이
없는가?
빚에 허덕이는 남반구 국가들이 북반구 선진국에
갚아야 할 채무의 규모는 어느 정도인가?

부채와 구조 조정

개발도상국들은 보다 공정한 무역조건이 실현되는 신국제경제질서(New International Economic Order, NIEO)를 쟁취하기 위해 싸우고 국제연합무역개발회의 같은 국제연합기구나 석유수출국기구(Organization of Pertroleum Exporting Countries, OPEC) 같은 생산국 카르텔을 통해 자신들의 입장을 촉구한다. 북반구 금융가에는 오일 달러가 흘러넘치고, 닉슨Nixion 대통령은 달러화를 변동시켜 브레턴우즈의 고정환율제를 파기한다. 제3세계의 부채가 늘어나자 국제통화기금과 세계은행은 부채의 덫에 걸린 국가들에게 구제 금융을 제공하기 시작하지만 구제 금융을 받은 국가들은 그 대가로 수출 가격을 낮추고, 남반구 전체로 빈곤을 퍼뜨릴 '구조 조정' 정책을 수용해야만 한다.

지난 반세기 동안 세계는 너무 많은 변화를 겪었기 때문에 식민 통치를 벗어난 아프리카와 아시아의 새로운 나라들이 표면상 독립을 획득한 라틴아메리카의 동지들과 함께 '새로운 국제경제질서'를 요구한 것이 사십여 년 전에 불과하다는 사실이 믿어지지 않는다. 1960년대와 1970년대 초반 사이에 북아메리카와 서유럽의 특권 집단 외부에 존재하던, 세계 인구의 3분의 2를 차지하는 사람들은 근본적인 변화를 끈질기게 요구하는 목소리를 내기 시작했다. 식민주의의 전통을 뒤흔들고, 국가 간의 경제 정의를 바탕으로 한 새로운 전 지구적 체계를 쟁취하기 위해 투쟁하는 강력한 운동도 일어났다.

제3세계 일부 국가들은 핵심 자원의 통제를 무기로 삼아, 유럽이나 북아메리카의 선진국을 상대로 협상력을 강화할 방법을 찾기 시작했다. 석유수출국기구 같은 단체는 석유 공급의 통제를 위해 협력하며 유가의 꾸준한 상승을 이끌어 지구 전체의 부에서 자신들이 차지하는 몫을 늘리고 국민들에게 번영을 안겨 주었다. 설탕, 커피, 코코아, 주석, 고무 같은 수출품의 가격을 올리기 위해 '생산국 카르텔' 논의가 잇달았다. 이것은 한두 종류의 일차 상품에만 위태롭게 의존하고 있는 가난한 나라들이 소득을 늘리고 자신의 발전을 스스로 통제할 보다 많은 권한을 확보할 방법이었다. 또한 자신의 뜻대로 세계를 재창조해 가는 것으로 보이는 초국적 기업의 권력 증가를 반대하는 강력한 목소리도 있었다. 그러나 가난한 나라들이 자신들이 보유한 일차 상품의 수출 가격을 높이려고 노력할 때마다 가공, 유통, 홍보를 거의 독점하고 있는 서구 기업의 통제에 부딪혔다. 1974년 신국제경제질서 원칙선언▪을 계기로 개발도상국 전역으로 퍼져 나갔던 새로운 '억눌린 자의 연대'가 정점에 달했다.

수세기에 걸친 식민 시대를 통해 경험한 부정의가 동기를 제공했고, 알제리의 파농Fanon, 가나의 은크루마Nkrumah, 인도의 간디Gandhi, 인도네시아의 수카르노Sukarno, 탄자니아의 니에레레Nyerere, 라틴아메리카의 카스트로의Castro 급진적 사상이 도화선

으로 작용해 '제3세계' 국가들은 미국과 서유럽의 단단한 권력에
집단으로 도전했다. 신국제경제질서는 풀뿌리운동이라기보다는
자유 시장을 스스로 작동하도록 방치할 경우 전 지구적 불평등은
줄어들지 않는다는 올바른 확신을 지녔던 진보적 지식인들과 정
치인들의 집단행동이었다. 이들은 '무역조건' 개선과 보다 공정
한 국제경제 체계를 논의했다. 협상이 무위로 끝나자, 생산국들
은 특정 상품을 중심으로 동맹을 형성하기 시작했다.

제3세계 국가들은 처음에는 서구와 소비에트 블록 사이에 벌
어지는 양극화된 동서 간 권력투쟁에 휘말리지 않으려는 시도의

■ 깊이 읽기

신국제경제질서 원칙선언
(declaration of principles for an NIEO)

1970년대 초 국제경제 질서의 근본적인 개혁을 위해 개발도상국들에 의해
시작된 운동이다. 1974년 세계 자원 문제를 토의한 제6회 유엔특별총회에
서 77그룹으로 불리는 아시아, 아프리카의 제3세계권 국가들은 기존의 선
진국 주도의 국제경제 질서를 폐지하고 자원 주권의 확립을 골자로 하는
'신국제경제질서 수립에 관한 선언'을 채택하고, 지금까지 세계경제 구조
가 선진 공업국의 이익을 가져올 뿐 개발도상국의 이익은 있을 수 없으므
로 근본적으로 개편되어야 한다고 주장하면서 천연자원에 대한 항구적 주
권 행사, 생산지 카르텔 성립, 다국적기업의 규제, 개발도상국에 불리한 교
역 조건 개선과 국제통화 제도의 개혁, 개발도상국에 대한 원조 증대 등을
강력히 요구했다. 옮긴이.

일환이었던 비동맹운동Non-Aligned Movement 같은 정치조직을 중심으로 단결했다. 국제연합의 테두리 내에서 개발도상국들은 '77그룹'을 구성했는데 나중에 국제연합무역개발회의를 창설하는 밑거름이 되었다. 국제연합무역개발회의 안에서 가난한 나라들은 보다 공정한 '무역조건' 수립을 촉구했다. 새로 독립한 남반구 나라의 대부분은 1950년대와 1960년대에도 여전히 원료 수출 의존도가 높았다. 노력에 대한 성과가 따르지 않았지만, 지역의 산업 역량을 구축하고 '신국제경제질서' 추진을 지원할 필요성에 대한 확신은 강했다. 제3세계는 공산품, 부품, 식품을 포함해 서구에서 수입해 오는 모든 물자의 가격은 슬그머니 상승하는 데 비해 자신들이 수출하는 농산물이나 원료의 가격은 늘 제자리에 머물거나 오히려 하락하는 이유가 무엇인지 반문했다.

너무나도 명백한 부정의 앞에 지도자들은 좌절하고 분노했다. 탄자니아의 줄리어스 니에레레는 무역조건의 악화를 늘 '내려가기만 하는 엘리베이터'에 빗대어 말했다. 1980년부터 1991년 사이 개발도상국 중 비석유수출국이 일차 상품 수출 가격 하락으로 인해 입은 손실은 2천9백억 달러에 달했다. 이같은 경제적 차별에 맞서 제3세계 국가들 또한 서구로부터의 '조건 없는' 원조 증액, 개발차관 조건 완화, 북반구가 남반구에 이전해 주는 새로운 제조 기술의 더 신속한 이전을 주장하기 시작했다.

더불어 대부분의 개발도상국들은 국내 경제를 운영하는 데 있어 정부가 적극적인 역할을 수행하기를 원했다. 지금과 같이 경제적 불평등이 심화된 세계에서는 이기적인 서구의 정부들 및 그들과 손잡은 막강한 기업들의 틈바구니에 끼어 쉽사리 무너질 수 있는 자신의 현실을 깨닫고 두려움을 느꼈던 것이다. 제3세계 국가들은 이 같은 상황 인식을 바탕으로 외국인 투자를 규제하고 최소한의 무역 규제를 유지하는 방향으로 성큼성큼 나아가기 시작했다.

'수입 대체 정책'을 추진해 생산, 고용, 소득 부양을 장려했던 라틴아메리카 국가들이 특히 큰 성공을 거뒀다. 브라질이나 아르헨티나 같은 나라들은 외국인과 국내 투자를 끌어들이기 위해 세금 정책, 관세, 금융 유인책을 혼합한 형태의 정책을 펼쳤다. 미국과 유럽의 자동차 회사들은 수입 장벽의 이점을 활용하기 위해 현지에 공장을 설립했다. 개발의 목표는 국내에서 상품을 생산하고 수출 소득을 증대하기 위한 산업화의 촉진이었다. 여기에 수입 감소라는 이점이 추가되었다. 수입 감소는 부족한 외국환의 필요를 줄이고 국내 자본이 그 나라 안에서 순환되는 효과로 이어졌다. 불행히도 수입 대체의 시대는 너무 일찍 끝나 버렸다. 얼마 지나지 않아 라틴아메리카의 국가들은 수입 장벽을 해체하라는 협박에 시달렸다. 1960년대 말에 이르면 자동차, 텔레비전, 아이스박스, 냉장고 및 기타 주요 생활필수품의 국내 생산자는 자취를 감춘다. 수입 대체 정책은 단명했음에도 불구하고 가난한 나라들로 권력을 이전시켜 전 지구적인 균형을 유지하려는 시도에 있어 중요한 한 걸음으로 남았다.

신경제질서

그러나 새로운 세계경제 질서를 요구하는 아우성이 터져 나오기 전부터 이미 심상치 않은 변화들이 모습을 드러내고 있었다. 이 변화들이 이후 몇 십 년 동안 가난한 국가들이 겪을 운명을 송두리째 바꿔 놓았다. 1960년대 말에 이미 달러화를 유일한 국제 통화로 삼고 고정환율제를 통해 안정적인 금융 체계를 유지하려던 브레턴우즈의 꿈은 미국의 무역 적자와 재정 적자라는 부담으로 인해 무너져 내리고 있었다.

전력 질주하던 미국 경제는 위험한 과열 양상을 띠기 시작했다. 베트남 전쟁이 고조되면서 미국 연방준비제도이사회는 전쟁 비용을 충당하기 위해 수백만 달러를 찍어 냈다. 인플레이션이 치솟았고 전쟁 비용을 대기 위한 미국의 해외 부채는 부풀어 올랐다. 세계은행 총재 로버트 맥나마라Robert McNamara 역시 이 난장판을 무시한 채 남반구에 막대한 자금을 빌려 주었다. 명분은 성격상 '후진' 경제를 시장 체계로 진입하게 만드는 기본적인 경제 기반으로 정의되는 '개발'과, 전 세계를 넘보고 있는 공산주의의 위협에 대응할 보루를 구축한다는 것이었다. 1970년대에 세계은행이 남반구에 빌려 준 액수는 그 십 년 동안 다섯 배 증가했다.

동시에 다소 높은 성장률과 특히 석유를 중심으로 한 일차 상품 가격의 단기적 상승에 힘입은 조심스런 낙관론이 남반구를 지배했다. 석유수출국기구는 최초의 그리고 궁극적으로 가장 성공적인 제3세계 '생산국 연합'이었다. 이들이 단결하여 석유 공급

● 환류recycling─무역 흑자에
의한 자금 따위가 차관 투자
등의 형태로 되돌아가는 현상
을 일컫는다. 옮긴이.

● 유로 머니eurocurrency─통
화 발행국 이외의 지역 금융
기관에 예치되어 있는 통화를
말한다. 미국 이외의 나라의
은행, 특히 런던, 파리 등 유럽
은행에 예치된 달러화를 유로
달러라고 한다. 옮긴이.

을 통제함으로써 유가를 세 배 가량 상승
시켜 배럴당 30달러 이상의 가격에 판매
할 수 있었다. 그 결과 석유수출국기구
회원국에게 1972년에서 1977년 사이에
3천1백억 달러에 이르는 갑작스러운 잉
여가 생겨났다. 이 '오일 쇼크'는 전 지
구 경제에 파문을 일으켜 두 자릿수의 인
플레이션과 대규모 '환류' 문제를 불러
오고 말았다.

　　석유수출국기구 회원국들이 새로 생
긴 이 막대한 '오일 달러'를 가지고 무슨 일을 했겠는가? 이 돈의
일부는 번쩍이는 새 공항이나 발전소 건설, 또는 전시효과가 큰
대형 계획에 투입되기도 했다. 하지만 대부분의 자금은 결국 투자
의 형태로 북반구 금융기관으로 되돌아가거나 북반구의 상업은
행에 예치되었다. 이로써 통화 발행국 외부에 존재하는 거대한 현
금 저장고인 '유로 머니' 시장이 탄생했다. 주요 '유로 머니'는 미
국 달러화였지만 프랑화, 길더화, 마르크화, 파운드화도 있었다.

　석유수출국기구 회원국으로부터 새로운 자금이 유입되자 서구
은행들은 넘쳐나는 돈을 빌려갈 대상을 찾기 시작했고 찾는 데
그리 오래 걸리지 않았다. 곧 상승하는 연료비 지불과 야심찬 개
발 목표에 자금을 대기 위해 안간힘을 쓰고 있던 제3세계 비산유
국 정부들은 엄청난 차관을 들여왔다. 동시에 큰 폭의 유가 상승
은 전 세계적인 인플레이션 상승에 기여했다. 가격은 상승한 반

면 성장은 둔화되어 '스태그플레이션' 이라는 신조어가 경제학 용어 사전에 추가되었다. 이 같은 경제적 혼돈이 한창일 때 리처드 닉슨 미국 대통령이 달러화의 금 연동을 일방적으로 파기함으로써 세계는 변동환율제로 이행했다. 닉슨은 또한 세계의 다른 주요 통화 대비 미국 달러화의 평가절하와 금리 인상 조치를 단행했는데 이는 전 지구적 경제에 막대한 충격을 미쳤다.

베트남 전쟁 비용 지불을 위해 큰 폭의 적자 재정을 운영해 왔던 미국은 달러화 가치를 떨어뜨림으로써 다른 나라에서 빌려온 엄청난 빚을 손쉽게 줄였다. 금리가 치솟자 석유수출국기구의 유가 인상에 휘말려 있던 나라들의 (대부분이 미국 달러화로 표기된) 유로 달러 차관 비용은 하루아침에 두세 배씩 늘어났다. 제3세계 비산유국의 빚은 1973년에서 1982년 사이에 다섯 배 증가해 6천1백2십억 달러에 달했고, 이는 감당하기 어려운 액수였다. 은행은 은행대로 예금 이자 지불을 위해 돈을 빌려 주려고 안간힘을 썼기 때문에, 분할 상환이 그 시대의 질서가 되었다. 안전하게 자금을 회수하려는 채권자들에게 억압받는 국민들을 상대로 비교적 수월하게 지불금을 뜯어낼 수 있었던 독재자들은 훌륭한 거래처가 아닐 수 없었다.

때때로 오일 달러 차관은 전시효과만을 노린 그릇된 계획에 탕진되기도 했다. 때로 제3세계의 지배층이 차관을 제공한 북반구 은행에 개설된 자신의 개인 계좌로 돈을 이체하는 도둑질이 발생하기도 했다. 오일 달러 차관은 소모적이었고 도둑맞는 경우도 많았다.

눈먼 돈

남반구 어디서나 비슷한 일이 벌어졌다. 1960년대 중반부터 1980년대 중반까지 라틴아메리카에는 독재정치가 성행했고 독재정치가 있는 곳에는 어디든 가지각색의 사기극이 성행했다. 아시아와 아프리카에서는 힘 있는 친구들을 등에 업고 개인적 축재에 몰두했던 과대망상증 환자들이 열심히 국제 금융기관에서 돈을 빌려다 썼다. 돈을 빌리는 일은 정말 쉬워서 신용 한도가 무제한인 것처럼 보였다. 냉전의 오른편에 서 있거나 북반구의 무기상들로부터 상당한 양의 무기를 구매하는 정부라면 식은 죽 먹기처럼 쉬웠다.(218쪽, '보이지 않는 아프리카 살인범들' 참고)

부패한 지도자들의 손에 들어간 눈먼 돈의 사례는 널리 알려져 있다. 필리핀의 경우, 독재자 페르디난드 마르코스Ferdinand Marcos는 부인 이멜다Imelda 및 친구들과 함께 이 나라가 진 부채 총액의 3분의 1에 해당하는 돈을 상납이나 수수료 명목으로 챙겼다. 쫓겨나기 전 마르코스가 개인적으로 축재한 자산은 백억 달러에 이르는 것으로 평가되었다.

1976년에서 1983년 사이 아르헨티나의 군사정권이 빌려간 4백억 달러 중 80퍼센트는 관련 기록조차 존재하지 않는다. 아르헨티나 국민들은 정부가 청구권

● 포클랜드-맬비나스 전쟁─
포클랜드 제도는 아르헨티나 본토에서 동쪽으로 480킬로미터 떨어진 곳의 여러 작은 섬들로 구성된 대서양 남단의 군도群島다. 포클랜드 전쟁은 아르헨티나가 이 지역의 영유권을 주장하며 1982년 4월 2일 영국에 대항해 일으킨 전쟁이다. 아르헨티나에서는 포클랜드 제도를 맬비나스 제도라고 부른다. 옮긴이.

을 행사하거나 아니면 불법적인 채무로 규정해야 한다고 요구하고 있다. 뉴욕의 은행들은 이 돈의 오용 사실을 알고 있었던 것으로 보인다. 군부와 연계된 기업에 대한 리베이트 수수와 부당 대출이 이루어졌던 것으로 보이며 국제통화기금은 이 같은 부정행위를 묵과했다고 전해진다. 또한 분명한 것은 군부가 차관의 일부를 포클랜드-맬비나스 전쟁Falklands-Malvinas War에 사용된 무기 구입에 썼다는 사실이다.

빚의 늪

1997년부터 새천년의 첫 해까지 '주빌리 2000' 시민운동 *은 세계의 최빈국들의 빚을 탕감해 주어야 한다는 전 세계적 캠페인을 펼쳤다. 주빌리의 연구원들은 거의 5천억 달러에 이르는 제3세계의 채무 총액 중 거의 4분의 1이 25개국의 독재자를 지원하는 데 사용되었다는 사실을 알게 되었다.[1]

1980년대와 1990년대 초반 내내 돈은 자유롭고 신속하게 흘러다녔다. 그러나 결국 높이 치솟은 빚의 탑은 삐걱거리며 요동치기 시작했다. 각국 정부들이 차례로 금융 문제에 빠지기 시작했다. 어이없는 계획에 탕진하거나 개인 계좌에 고이 모셔진 차관은 눈덩이처럼 불어나 외국환 수입이나 세입만으로는 갚아 나갈 수 없게 되었다.

이 시기에 가난한 나라들은 국제통화기금이 제공하는 임시변통에 불과한 국제수지 원조를 강요당했다. 국제통화기금은 가난한 나라들에게 엄혹한 정책 조건을 시행하는 기관으로 변모해 갔다. 1970년대와 1980년대 초반 사이에 제공된 국제통화기금 차관의 조건은 남반구 국가들이 과거에 무엇을 잘못했고 어떻게 고칠지에 대한 자신들만의 특유한 견해를 가진 국제통화기금 경제 전문가들의 조언을 정부가 따라야 한다는 것이다. 국제통화기금의 요구는 현금 수혈이 급히 필요한 나라들의 구제를 위한 협상에도 포함되었다. 국제통화기금은 채무국이 겪는 문제의 근본적인 원인으로 국내 경제의 '초과 수요'를 지목했다. 면밀히 살폈더라면 알아채지 못했을 리가 없는데 이상하게도 애당초 수상쩍은 대출을 시행한 민간은행들의 책임은 거론되지 않았다.

'주빌리Jubilee 2000' 시민운동

주빌리란 원래 구약성서에 나오는 오십 년제稅를 뜻하는 말로, 오십 년마다 있는 안식년을 가리키며 이 해에는 노예 해방, 부채 탕감 등의 은혜가 베풀어진다. 그 후 1300년에 가톨릭에서 회개와 면죄를 위한 성년聖年으로서 '주빌리 년年'을 제정하여 이십오 년마다 이를 실시하고 있다. 2000년은 이 성년과 새로운 천년의 시작이 겹치는 대성년大聖年에 해당한다.
경제의 세계화, 시장경제화가 촉진되면서 빈곤국의 처지가 더욱 악화되고, 세계경제의 분열화가 심화되는 것을 우려하여, 과중 채무국의 채무를 삭감하자고 주장해 온 유럽과 미국 등의 비정부기구는 '주빌리 2000'이라는 이름으로 연합하여 적극적인 활동을 펼치고 있다. 옮긴이.

국제통화기금의 처방전

국제통화기금에 따르면 초과 수요란, 수입은 넘치고 수출은 모자란 상태다. 국제통화기금은 통화의 평가절하와 정부 지출 축소를 해결책으로 내놓았다. 그래서 경기가 둔화되고 내수가 감소하면 수입이 줄어들고 동시에 저렴한 가격으로 더 많이 수출하는 결과가 서서히 찾아올 것이며 그에 맞춰 국제수지 적자도 해소될 것이라고, 국제통화기금은 점쳤다. 이 같은 긴축 조치를 수용하도록 만들기 위해 국제통화기금의 '승인서'를 받지 못하면 전 지구적 경제의 변두리로 밀려날 것이라는 강요도 곁들여졌다. 일찍이 1970년대부터 국제통화기금과 세계은행은 채무국에게 보다 깊은 '구조 조정' 조치를 받아들이라고 촉구해 왔지만 채무국들이 따르지 않았기 때문이다.

결국 1982년 멕시코가 더 이상의 채무 상환이 불가능하다고 선언했고 제3세계의 '채무 위기'가 그 진정한 모습을 드러냈다. 북반구 정치인들과 은행가들은 현재 상환되지 않은 채무액만으로도 충분히 세계의 금융 체계에 해를 미칠 수 있다며 우려했다. 일부 남반구 국민경제의 붕괴가 임박했다는 소식은 국제금융 세계를 공포로 물들이기 시작했다. 이에 맞서 세계은행과 국제통화기금은 자신들의 노선을 강화했고 채무국들의 국내 경제 운영 방식에 전폭적인 변화를 요구했다. 가나를 포함한 몇몇 나라들은 이미 1983년부터 국제통화기금에게 굴복해 가혹한 조정 조건들을 시행했다.

몇 년 후 제임스 베이커James Baker 미국 재무성 장관은 제3세계가 빚을 갚아 나갈 수 있도록 제3세계 경제를 강제로 급격히 '재구조화' 시킬 새로운 전략의 승인을 결정했다. '베이커 계획 Baker Plan'은 채무국들의 경제정책을 보다 철저히 '조정' 하라는 요구를 받고 있던 세계은행과 국제통화기금의 1985년 회의에서 발표되었다.

세계은행과 국제통화기금은 이 새로운 수단을 철저히 활용했다. 이 둘은 힘을 합쳐 통화를 축소하고, 공공 투자 부문 및 취약 계층에 제공되는 기본적인 보건 복지 부문에 이르는 모든 부문에서 정부가 후퇴하는 것을 골자로 하는 제3세계 '구조 조정' 정책을 출범시켰다. 외국환을 얻기 위한 수출은 생활필수품, 식량 생산, 내수를 위한 기타 용품 생산보다 앞선 대우를 받았다.[2]

국제통화기금은 1986년 처음으로 '공식적인' 구조 조정 도구 Structural Adjustment Facility를 마련했다. 세계은행도 곧 그 뒤를 따랐다. 1989년이 되면, 세계은행은 이미 국제통화기금에 유사한 부채를 지고 있는 국가 중 75퍼센트와 구조 조정 채무 계약을 체결한다. 세계은행의 조건은 금융 '자유화'와 시장 개방이라는 국제통화기금의 처방전을 확장, 강화한 것이다. 세계은행이 제시한 조건에는 국영기업의 '민영화', 공공 부문의 대량 해고를 통한 정부 규모와 지출의 축소, 기본적인 사회 서비스와 기본 식품에 대한 보조금 삭감, 무역 장벽 축소가 포함되어 있었다. 이 같은 구조 조정은 1984년에서 1990년 사이에만 남반구에서 천7백8십억 달러를 챙겨갈 수 있었던 민간은행들의 입장에서 볼 때는 매우 성공적인 것이었다.[3] 구조 조정 프로그램은 사실상 민간 부문의 부채를 공공 부문의 부채로 전환하는 극적인 효과를 가졌던 것이다.

대부분의 제3세계에 1980년대는 '잃어버린 십 년'이었다. 성장은 지체되면서도 빚은 두 배로 늘어나 1980년대 말에는 1조 5천억 달러, 1999년에는 3조 달러에 이르렀다. 과거에 진 빚의 이자를 갚고 현금을 순환시켜 체계를 유지하려고 받는 새로운 빚은 늘어가기만 했다. 부유한 국가들과 북반구의 은행에 진 빚이 여전히 많이 남아 있었지만, 상당 부분의 빚이 민간은행에서 국제통화기금과 세계은행으로 이전되었다. 큰 차이가 있다면 국제통화기금과 세계은행은 언제나 선두에 서 있었기 때문에 그들에게 빚을 갚는 일이 훨씬 부담스러웠다는 점이다.(220쪽, '북반구에 대한 남반구의 채무 상환' 참고)

조금이라도 더 회수하기

국제통화기금과 세계은행이 자신들을 돕기 위해 존재한다고 믿어 왔던 제3세계는 자본의 흐름이 역전되기 시작했다는 엄연한 현실에 정신이 번쩍 들 수밖에 없었다.(즉, 제3세계에 투입한 자금보다 회수한 금액이 더 많았다.)

1990년부터 1997년까지의 8년 중 개발도상국의 차입금보다 이자와 원금을 합친 상환금이 많았던 때는 6년이나 된다. 가난한 남반구에서 부유한 북반구로 이전된 총금액은 7백7십억 달러에 이른다. 그리고 증가한 채무 대부분은 기존 부채의 이자 상환에 쓰

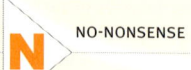

산더미 같은 빚

2조 달러가 넘는 개발도상국의 대외 채무는 아직도 증가하고 있다. 그 결과, 남녀노소를 막론하고 개발도상국 국민 한 사람당 4백 달러가 넘는 빚을 지고 있다. 그중 가장 가난한 나라의 경우 평균소득이 하루 1달러에도 못 미친다.

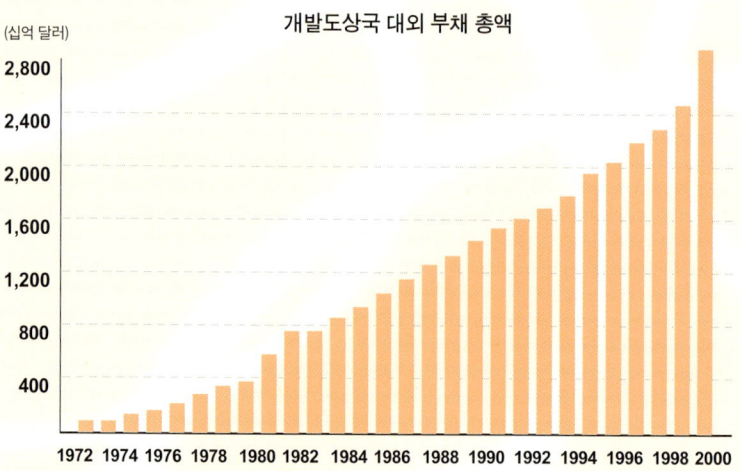

(십억 달러)

개발도상국 대외 부채 총액

▶출처 ― *World Develop Report 1999~2000*, World Bank.

는 바람에 생산적 투자에 활용되지 못했다.[4] 1998년 이후 멕시코
와 아시아에 적용된 대량의 구제 금융 프로그램으로 인해 반전되
었지만 곧 재역전되어 마이너스로 복귀할 가능성이 높다.

교육이나 보건 의료 등의 부문에 사용되던 정부 세입을 줄여
채무 상환과 수출 촉진에 사용하는 것이 구조 조정의 '조건' 이었
다. 조건부 대출을 시행함으로써 세계은행과 국제통화기금은 과
거 독재적이었던 어떤 식민 정권도 가지지 못했던 높은 수준의
통제권을 부여받았다.

심지어 열정적으로 구조 조정을 지지했던 전문가들조차도 경
제 발전을 위한 것이라던 '신자유주의적' 처방에 대한 자신들의
신념을 재고할 수밖에 없었다. 1999년

하버드 대학의 '경제 쇼크 요법' 의 주창

자 제프리 삭스Jeffrey Sachs 조차도 다음

과 같은 말을 남겼다. "세계에서 가장 가

난한 사람 3십억 명이 살아가는 나라의

정부들은 외국 정부, 외국 은행 그리고

세계은행이나 국제통화기금 같은 기관

● 경제 쇼크 요법economic
shock-therapy—특정 시점에
갑작스럽게 가격 통제와 통화
통제를 풀고 국가 보조금을
철회하며 즉각적인 무역 자유
화 조치를 취하는 정책을 말
한다. 옮긴이.

에서 차입한 자금의 무게를 못 이겨 파산한 지 오래다. 이 나라들
은 국제통화기금의 지독한 감시에 시달리고 있는데 (…) 국제통화
기금은 이 나라들의 부채를 당장 무효화하고 원래 자리로 돌아가
야 한다."[5]

근본적인 상황에는 아무런 변화가 없었다. 유고슬라비아, 르완
다, 페루 같은 국가들이 채무 상환이라는 미명 하에 겪는 고통은

시민 폭동 뒤에 가려져 드러나지 않기도 한다. 1996년 일정한 채무 상환이 '가능하도록' 만들기 위해 '외채 과다 최빈국에 대한 외채 경감 방안Heavily Indebted Poor Countries Initiative'이 발족하기 전에는 남반구의 채무를 경감해 보려는 모든 시도는 원천적으로 차단되었다. 1989년 '냉전'은 끝났지만 십 년도 채 지나지 않은 지금 그 자리에는 아직도 끝나지 않은 '금융전'이 자리 잡았다.

지난 이십 년간 구조 조정이 진행되었지만 채무 위기를 해결하기는커녕 수백만에게 형언할 수 없는 고통만을 안겨 주었고, 부국과 빈국 사이의 격차만 넓혔을 뿐이다. '정책 대안 마련을 위한 연구 집단'(The Development Group for Alternative Policies, http://www.developmentgap.org.)은 워싱턴에 자리 잡고 있는데 1999년에, 1990년대 초반 아프리카 및 아시아의 70여개국을 조사해 구조 조정 프로그램이 미친 충격을 살펴보았다. 이 연구는 오랫동안 구조 조정 프로그램을 시행한 나라일수록 더 악성의 채무 부담을 지게 된다고 결론지었다. 정책 대안 마련을 위한 연구 집단은 다음과 같이 경고한다. '구조 조정 프로그램은 채무, 구조 조정, 국내 경제의 약화, 취약성 상승, 더 많은 채무라는 비극적인 악순환의 고리에 나라들을 얽어매는 경향이 있다.'[6]

부채가 남긴 것

결국 우리는 이상야릇하고 볼품없는 광경을 보게 되었다. 아프리카의 대외 채무는 세계은행과 국제통화기금이 구조 조정을 통

빈곤 창출

1980년대와 1990년대의 빚쟁이들은 차관 회수 가능성을 높이기 위해 가난한 나라에 새로운 차관을 제공하는 대가로 '구조 조정'을 요구했다. 구조 조정이 의미하는 바는 보건 의료나 교육 같은 부문에 대한 정부 지출을 삭감하는 것인데 이 서비스는 바로 가난한 사람들(특히 여성과 아이들)이 의존하는 서비스다. 이 나라들 대부분은 결국 시민들의 기본적인 욕구를 충족시켜 주는 데 돈을 쓰지 못하고 빚을 갚는 데 더 많은 돈을 쓰게 되었다.

대외 채무 관련 정부 지출과 사회 서비스(선정국, 1995)

	정부 세입 대비 이자 상환 비율* (퍼센트)		정부 지출 대비 사회 서비스 비율** (퍼센트)
브라질	75.6		34.5
불가리아	41.2		35.0
카메룬	23.0		29.0
과테말라	57.8		38.4
인도	33.6		11.9
케냐	31.7		27.1
마다가스카르	59.9		34.6

* 지출이 세입을 초과하는 경우가 자주 발생하기 때문에 100퍼센트를 넘을 수도 있다.

** 보건 의료, 교육, 사회보장, 복지, 주택, 지역 사회 서비스 포함.

▶출처— *World Development Report 1998~1999*, World Bank.

해 국민경제를 관리하기 시작한 이후로 네 배나 불어났다. 에티오피아에서는 해마다 수천 명의 아이들이 간단하게 예방할 수 있는 병에 걸려 죽는다. 그런데도 보건 의료에 대한 공공 지출보다 채무 상환액이 네 배나 많은 실정이다. 탄자니아에서는 인구 중 40퍼센트가 35세 이전에 사망한다. 이곳에서의 채무 상환액은 보건 의료 지출의 여섯 배다. 아프리카에서는 취학 연령 아동 두 명 중 한 명이 학교에 가지 못하지만 채무 상환을 위해 북반구의 채권자에게 이전하는 금액은 국민들의 보건과 교육을 위한 지출액의 네 배다.

구조 조정 프로그램은 제3세계 나라들의 경제를 원활하게 만들어 준 것이 아니라 민주주의를 침해하는 데 기여한 것이 틀림없다. 세계은행에서 수석 경제학자로 재직했던 조셉 스티글리츠Joseph Stiglitz는 국내 문제를 스스로 처리할 정상적인 독립 국가의 권한을 침해하는 양대 기관의 관료주의에 대해 허심탄회하게 털어놓는다. 사임 직후 발표한 논문에서 스티글리츠는 다음과 같이 언급했다. "국제기관들에게 위임된 과도한 권력이야말로 진정 위험하다. (…) 실제로는 이 기관들이 자신의 지위를 유지하고 권력을 확장하는 일에 몰두하는 일종의 이익집단으로 변모할 가능성이 있기 때문이다." 만일 우리가 민주적 절차를 신뢰한다면 "각국은 자신의 문제에 대해 스스로 결정해야만 하며 경제 조언자들은 결정된 내용을 평가해 주면 그만이다."[7]

부채는 모든 정부에게 부담스럽다. 하지만 제3세계 정부들은 시민을 돌볼 능력마저 잃어버렸다. 자본이 너무나도 자유롭게 움직이기 때문에 정부가 이에 대해 세금을 부과하기는커녕 찾아내지도 못하는 실정이다.

소비에트연방 해체, 아프리카의 피폐, 아시아와 라틴아메리카의 자유 시장 체계의 부활과 더불어 자본주의의 승리는 완성된 듯 보였다. 사실 구조 조정 프로그램은 경제적 세계화라는 안경을 통해 볼 때만 이해가 가능하다. 구조 조정 프로그램은 민간 기업이 정부 간섭에 거의 구애받지 않고 무역, 투자, 자본 이동 등을 통해 전 지구를 마음대로 누비도록 만들려는 목적을 지닌, '자유 시장'이라는 신조의 필수 구성 요소인 것이다.

그러나 불변의 합의처럼 보이는 이 신조에도 균열이 발생하고 있다. 남반구의 민중들은 풀뿌리 조직화를 통해 구조 조정에 격렬히 저항하고 있다. 특히 대규모 수력발전소 건설 같은 세계은행의 거대 계획으로 인해 생활 터전에서 쫓겨난 수백만의 저항도 나타나고 있다. 서구의 것이라면 무엇이든 거부하는 운동도 등장하고 있다. 근본주의와 소말리아에서 코소보, 인도에 이르는 인종 배제의 정치학은 정치적 비용을 군사적 비용으로 전환시키고 있다. 그리고 1999년 12월 시애틀 투쟁이 보여 주듯 세계무역기구 같은 막강하면서도 무책임한 기관들은 시민단체, 공동체 활동가, 학생, 노조 활동가, 환경 운동가들의 직접적인 압력을 받게 되었다. 개혁을 요구하는 이들도 있고 훨씬 더 나아가 이들 기관을 완전히 철폐하고 전 지구적 금융 구조를 철저히 재편할 것을 요구하는 이들도 있다.

NO-NONSENSE

4 기업의 세기

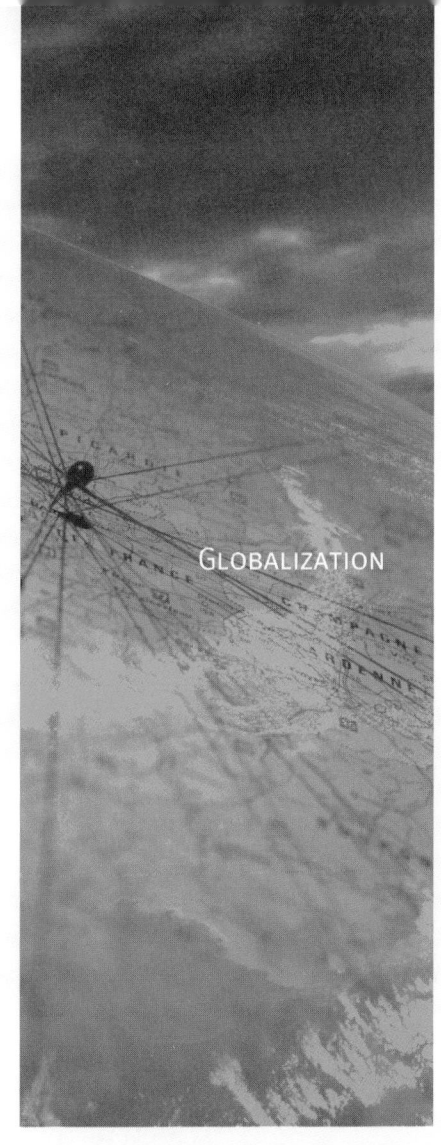

GLOBALIZATION

국가보다 더 많은 권력을 휘두르는 거대 민간 기업
들의 횡포는 어디까지 와 있는가?
거대 기업들의 잇따른 합병은 어떻게 보아야 할까?

기업의 세기

거대 민간 기업은 어떤 국가보다도 더 많은 권력을 휘두르면서 경제적 세계화 배후의 추진력으로 자리매김해 왔다. 이제는 효율과 경쟁을 그 무엇보다 앞세우는 기업의 가치가 사회 정책, 공공의 이익, 정부의 역할에 대한 논쟁을 지배한다. 이윤율 저하와 관련을 가지는 독점 경향은 어떤 사회적, 환경적, 경제적 결과를 가져올지 고려하지 않은 채 기업의 의사 결정을 조종하며 구조화한다.

뉴욕, 나이로비, 부에노스아이레스 어느 거리에서나 우리는 세계화가 몰고 온 섬뜩할 정도로 동질적인 상업 문화와 마주친다. 휘황찬란하고 냉난방 시설이 잘 갖추어진 쇼핑몰은 서로 바꿔 놓는다고 해도 문제될 것 없다. 패스트푸드 음식점은 각 지역 특유의 입맛을 무시한 똑같은 맛의 고열량 식품을 판매한다. 젊은이들은 똑같은 음료수를 마시고 똑같은 담배를 피우며, 같은 상표의 옷을 입고 신을 신고 다니며, 똑같은 컴퓨터 게임을 즐기고 똑같은 헐리웃 영화를 보며 똑같은 서양 팝 음악을 듣는다.

전 지구 도처에서 호령하며 각양각색인 인간 사회의 다양성을 서구식의 행복한 생활로 대체하는 문화적, 경제적 쓰나미(격랑)의 세상인 다국적기업의 세계에 오신 것을 환영합니다! 기업이 부와 화려함을 추구하는 고객의 꿈을 거래하는 동안 세계 곳곳의 고유한 지역 문화는 소멸된다. 사회적 관계가 '상품화'되어 칼 맑스가 언급한 '노골적인 금전 관계crude cash nexus'로 환원되면서 가족과 공동체의 유대는 해체되어 간다. 사회학자 헬레나 노르베리-호지의 말을 빌리면, "놀랄 만큼 빠르고 단호하게 전통문화를 종식시키고, 유례없이 단일한 전 지구적 문화"만이 남았다.[1]

과거 이십 년 이상 상품과 투자의 움직임을 규제해 왔던 전 지구적 규범이 느슨해지면서 민간 기업들은 국외로 장악력을 확장해 나갔고 그 결과, 이들의 결정은 아주 먼 곳 사람들의 생활에까지 영향을 미치게 되었다. 지구 전역으로 방만하게 뻗어나가는 기업들이 컴퓨터와 제약부터 보험, 금융, 영화에 이르는 모든 분야에서 전 지구적 무역을 지배한다. 이 기업들의 지분은 실로 막대하고 복잡해서 때로는 소유 고리의 추적이 불가능하다. 게다가 4조 달러에 이르는 전체 무역액 중 이들이 3분의 1을 차지하는 것으로 추정되므로 실질적으로 국제경제는 같은 기업 내의 여러 다

헬레나 노르베리-호지 Helena Norberg-Hodge, 1946~

언어학자이자 세계적 생태환경운동가다. 1946년 미국에서 스웨덴 인 아버지와 독일 인 어머니 사이에서 태어났다. 대학에서 철학, 심리학, 미술사를 공부했고 스물다섯 살 때까지 여섯 개 언어를 익혔다. 언어학자로 일하면서 언어 연구를 위해 처음 라다크에 갔으며, 촘스키에게 언어학을 공부한 뒤 라다크에서 영국인 변호사와 결혼했다. 1980년부터 '라다크 프로젝트'라는 국제조직을 열어 활동하고 있으며, 1992년에 『오래된 미래-라다크로부터 배운다』를 출간해 세계에 라다크의 지속 가능한 삶을 소개하고, 생태적인 문명이 갈 길을 밝혀 큰 호평을 받았다. 1986년에는 대체노벨상이라 불리는 스웨덴 바른생활재단의 바른생활상을 수상했다. 2003년과 2006년, 두 차례에 걸쳐 한국을 방문했다.

른 부문 사이에서 일어나는 거래로 이루어진다고 해도 과언이 아니다.

세계화를 지지하는 사람들은 다국적기업이 민주주의의 사절이라고 주장한다. 그들은 자유 시장과 정치적 자유가 떼려야 뗄 수 없는 관계이기 때문에 자유 시장의 도입은 필연적으로 정치적 자유로 이어진다고 주장한다. 불행히도 현실은 그들의 주장을 뒷받침해 주지 않는다. 시장경제는 세계에서 가장 압제적이고 독재적인 국가에서도 번성한다. 더 놀라운 것은 다국적기업이 정치 체계의 변화에 별다른 관심을 보이지도, 영향을 미치지도 않는다는 점이다. 싱가포르, 말레이시아, 인도네시아, 파키스탄, 러시아, 콜롬비아의 시장 체계에서는 다국적기업이 지배적 행위자로 자리 잡고 있지만 이들 중 건전한 민주 정치를 구현하는 곳은 없다.

미국 정치과학자 벤자민 바버Benjamin Barber는 "자본주의가 성공하기 위해서는 시장에 접근할 수 있는 소비자와 안정적인 정치가 필요한데, 민주주의가 이 두 가지 조건을 활성화하는 경우도 있지만 언제나 그런 것은 아니다. 왜냐하면 민주주의의 초기 단계는 무질서할 가능성이 높아 심한 경우 무정부 상태에 이를 수 있는데다가, 비용이 많이 들기도 하고 민간 시장의 필요에 반하면서까지 공공선을 추구하기도 하기 때문"이라고 언급하고 다음과 같이 결론짓는다. "자본가는 민주주의자일 수 있지만 자본주의는 민주주의를 필요로 하지 않을 뿐더러 민주주의를 수반하지도 않는다."[2]

국제연합개발계획(UN Development Program, UNDP)이 1999년 발

간한 『인간개발보고서*Human Development Report*』는 오늘날 일부 전 지구적 기업이 어떤 국가보다도 많은 경제적 권력을 휘두른다고 기록하고 있다. 오늘날 세계 100대 경제 중 50개는 국가가 운영하는 경제가 아니라 기업이 운영하는 경제다. 미쯔비시 사社는 폴란드보다 더 크고 제너럴모터스 사社는 그리스, 남아프리카공화국, 노르웨이보다 더 크다. 200대 기업이 일 년 동안 버는 돈은 세계 인구의 80퍼센트가 살고 있는 182개국의 일 년 수입보다 크다.[3] (221쪽, '기업의 지배' 참고)

물론 거대 기업이 어느 순간 느닷없이 등장한 것은 아니다. 제국적 지배를 강화하려는 정부가 허드슨베이 사社나 동인도회사 같은 경제적 '모험가'에게 광대한 지역에 대한 통제권을 의례적으로 부여하던 유럽의 해외 확장 초기부터 거대 기업은 우리 곁에 존재해 왔다. 그러나 오늘날의 거대 기업이 가진 경제적 권력과 정치적 영향력에 비견할 만한 것은 역사상 아직 없었다. 게다가 거대 기업은 날마다 더 커지고 더 강해진다. 매주 주요 기업의 통합 소식이 들려온다. 시장 점유율을 다투는 지난 십 년간의 전 지구적 경쟁은 지난 세기에 이루어진 최대 변화였던 독점으로의 이동에 촉매제로 작용했다.

2000년 1월 세계 최대 인터넷 제공 업체 '아메리카 온라인 사社'는 '타임-워너 사社'와 천6백억 달러짜리 합병 제안을 공표했다. 그러자 영국의 거대 음반 회사인 이엠아이(EMI) 사社 또한 세계 최대의 음반 회사 출범을 목표로 '타임-워너'와 2백억 달러짜리 교섭 계획을 발표했다. 최근에는 독일 기업 '다임러-벤츠 사

社'가 4백3십억 달러에 크라이슬러 사社를, 엠시아이(MCI) 월드콤 사社는 천백5십억 달러에 스프린트 통신 회사를 사들였다. 산도스 사社는 거대 제약 회사인 '시바-가이기 사社'를 3백6십억 달러에 구매했다.

국제연합 통계에 따르면 독점 경향의 증가 추세는 전 산업 분야에 걸친 현상이라고 한다. 집중 현상은 은행, 금융, 미디어, 연예 오락, 통신 기술 분야에서 특히 눈에 띄지만, 자동차와 운송 같은 전통 산업이나 광업, 임업, 농업 같은 일차 자원 산업에서도 눈길을 끄는 기업 결합이 일어나고 있다. 각 산업 분야의 10대 기업이 각 분야에서 차지하는 비중은 통신 산업 86퍼센트, 살충제 산업 85퍼센트, 컴퓨터 산업 70퍼센트, 제약 산업 35퍼센트 순이다.

케이엠피지(KMPG) 회계 법인에 따르면 1999년은 그해 9월까지의 전 지구적 인수 합병 액수가 6천8십억 달러에 달했던 기록적인 해였다. 주식시장은 더 커진 새로운 기업이 더 '효율적'이므로 기업의 수입을 증가시킬 것이라고 기대하며 합병 기업에 주가 상승으로 보답했다. 하지만 누구를 위한 '효율성'이란 말인가? 합병은 막대한 자원을 전혀 생산적이지 않은 곳에 써 버리는 일이다. 이처럼 매우 사사로운 의사 결정 과정이 공공에 미칠 충격은 좀처럼 고려되지 않는다. 두 개의 거대 기업이 합치면 수천 명이 직업을 잃고 여러 공장이 문을 닫는 사태가 반드시 일어난다. 사실 기업 사냥의 핵심은 비용을 절감하여 순익을 채워 넣는 일이기 때문이다. 일례로 영국 기업인 글락소앤웰컴 사社가 1999년 초 합병되었을 때 전체 인력의 10분의 1에 해당하는 7천5백

명이 정든 일터를 떠났다. 주주들에게는 희소식이었겠지만 해고 통지서를 받았던 노동자에게는 그다지 유쾌한 소식이 아니었을 것이다.

합병 기업

기업 경영자들은 합병을 경제적 '상식'이라고 두둔한다. 그리고 기업의 덩치를 키우는 일이 각박한 전 지구적 시장의 경쟁에서 살아남을 유일한 방법이라는 논리를 내세워 합병을 승인하라고 강력히 요구한다. 기업 경쟁력을 높인답시고 기업 규모를 따지는 동안 소수의 거대 기업은 경쟁 제거를 통해 독점 경향을 더욱 강화한다. 경쟁자를 제거하는 가장 손쉬운 방법은 사들이는 것이다. 또한 거대 기업은 자신들이 매우 지배적인 경제 행위자이며 얼마 되지도 않는 일자리를 창출할 수 있고 국민소득을 끌어올릴 수 있다는 점을 내세워 중앙정부나 지방 정부로부터 이권을 얻어 낼 더 큰 권력을 보유하고 있다.

지난 몇 년간 쏟아져 나온 인수 합병 소식은 급변하는 전 지구적 경제의 성격, 특히 외국인 투자와 국제 자본 흐름의 자유화를 둘러싼 규제 완화를 반영하는 것이다. 오늘날 기업은 전 지구를 무대로 경쟁하고 성장하며 해외 시장으로 뻗어 나갈 자유를 누린다. 상품, 서비스, 자본 투자에서의 자유무역이라는 새로운 국제적 분위기가 기업 통합을 부추긴다.

현재의 경제 이론을 지배하고 있는 신자유주의적 경제 모형의 핵심 가정은 경쟁이 '그 자체로 당연히' 선하다는 것이다. 바로 이 신조가 공기업의 민영화를 옹호하는 전 세계적인 선전전을 끌어냈다. 이 견해에 따르면 정부의 규모 및 공공서비스를 제공하는 정부의 역할은 축소되어야만 한다. 신자유주의자들은 정부가 비효율적이고 방만한 관료제로 운영되어 납세자들의 세금이나 낭비하고 있으므로 정부 권한을 축소하고 제약을 가해야만 한다고 논의한다. 이 분석에 담긴 일부 사실에 현혹되어 거대 정부를 비판하는 사람들의 편으로 전향하는 사람들이 생겨났다. 1970년대 말엽 이 분석은 국제적인 신뢰를 획득하기에 이른다. 하지만 이들은 관료제의 효율성을 높여 국가의 역할을 강화하는 대신 민간 기업이 국가의 역할을 대신해야 한다고 주장했다.

민영화에 대한 열광은 1979년 영국의 마거릿 대처가 권좌를 차지하면서 폭발했다. 항공, 수도, 가스, 전화, 전력 시설, 철도 운송 체계 등의 국영기업들이 순식간에 팔려나가면서 1979년 7백만 개이던 영국의 공공 부문 일자리는 1994년 5백만 개로 감소했다. 같은 기간 동안 민간 부문에서 새로 창출된 일자리는 매우 적었고 그나마도 비정규, 저임금의 서비스 부문 일자리뿐이었다. 영국 정부는 해마다 재무부 금고를 채워 줄 수익성 있는 국영기업을 일회성 수입을 위해 팔아넘겼던 것이다.

이 일을 계기로 영국의 일반 시민들도 새롭게 민영화된 공기업 주식을 매수할 기회를 얻었지만 실제로 주식을 보유하게 된 것은 이들이 아니었다. 영국 거주자 9백만 명이 주식을 사긴 했지만 대부분은 천 파운드 미만의 소액 투자인데다가 단기 수익률에 급급해 장기간 보유하는 경우가 드물었기 때문이다. 과거 공기업의 주식 대부분은 이제 기관 투자가들과 부유한 개인이 가지고 있다. 저술가 수전 조지는 민영화를, "우리 세대 및 다른 모든 세대에 가해지는 가장 큰 위협 중 하나"로 규정하고 "수십 년에 걸쳐 수천 명의 사람들이 이룩한 노동의 산물을 소외시킬 뿐 아니라 소수의 거대 투자자들에게 넘겨주는 일"이라고 덧붙였다.[4]

게다가 정부가 민간 투자 방식을 도입하고 공공 지출을 삭감함에 따라 이전에는 국가의 책임으로 간주되었던 영역마저 시장 세력에게 개방한다. 제2차 세계대전 이후 서구의 정치인들은 시민 의식을 지닌 유권자들의 요구에 따라 교육, 보건 의료, 실업 수당, 국민 연금, 기타 사회보장 제도를 포함하는 사회 복지 정책을 확대했다. 동시에 국가는 공공 기간 시설 확충, 도로 · 교량 · 댐 · 공항 · 교도소 · 병원 건설 등으로 자신의 역할을 확장해 갔다.

오늘날 사람들은 공공 부문을 '비효율적'이라고 생각하게 되어 있고 정부는 수도, 전력, 공항 같은 공공 설비를 팔아넘기고 있다. 균형 예산이라는 시장의 요구를 충족시키기 위해 정부가 공공 지출을 삭감하는 과정에서 심지어 교도소나 공원마저 민영화된다. 1997년 교도소와 구치소에 소요된 미국의 예산 총액이 3백

수전 조지Susan George

미국에서 태어났으며 1994년에 프랑스 시민권을 취득하였다. 개발 문제와 세계 문제에 관해 폭넓게 집필 활동을 하고 있다. 현재 다국적연구소Transnational Institute의 소장으로 있으며, 스위스 루가노에 세계의 석학들이 모여 논의한 이야기를 담은 책 『루가노 리포트Lugano Report』가 널리 읽히고 있다. 책에서는 세계경제와 그 미래를 분석하고, 21세기 자유 시장 경제가 파국에 이르렀을 때 어떤 대안과 해결방안이 있을지를 밝히고 있다.

십억 달러를 넘었음을 감안할 때, 이 부문들에서 어마어마한 수익이 날 것이라는 점은 틀림없다.

이윤을 노리는 자들은 부문을 가리지 않고 호시탐탐 기회를 노리는데, 국가가 재정을 지원하는 보건 의료 부문이 적절한 사례이다. 캐나다, 영국, 오스트레일리아, 유럽에서는 재정 적자에 민감한 정치인들이 예산을 삭감하자 이를 교두보로 삼은 민간 기업들이 공공자금으로 운영되는 보건 의료 영역을 잠식하고 있다. 국제무대에서는 세계무역기구가 시행하는 서비스 교역에 관한 일반 협정이 1994년에 출범했다. 이 협정의 목적 중 하나는 공공 보건 부문을 '서비스 산업'의 일환으로 분류해 결과적으로는 민간 기업이 보건 부문을 지배하고 있는 미국식 노선대로 완전한 상업화의 길을 터주는 것이다.

수익만이 목적인 미국의 보건 부문은 해외 확장의 길을 개척하기 위해 활발한 로비 활동을 벌여왔다. 1999년 11월 작성한 문건에서 '미국 서비스 산업 연대US Coalition of Service Industries' 는 미국 정부가 세계무역기구에 다음과 같은 내용을 요구해야 한다고 제안했다. 세계무역기구는 "더 많은 민영화를 장려해야 하며, 외국 기업이 국경에 구애받지 않고 모든 보건 의료 서비스를 제공할 수 있도록 시장 접근권을 보장해야 하며, 내국인 대우를 확립해야 한다."는 것이 그 내용이다. 궁극적인 목적을 명시적으로 기록한 바, "외국인도 보건 의료 시설의 소유권을 절반 이상 소유" 할 수 있도록 허용하라는 것이다. 이 같은 시장의 건조하고 기술적인 언어는 이미 보건 의료 정책을 둘러싼 논쟁을 물들이고 있다. 그러나 국가 재정의 지원을 받는 보편적 보건 의료를 수호하려는 이들이 가장 두려워하는 일은 민영화가 가져올 의료 체계의 양극화이다. 의료 체계가 양극화되면, 돈 많은 환자들은 신속하게 높은 기술의 서비스를 구매할 수 있다. 하지만 그들을 뺀 나머지 우리들은 형편없는 시설에 자금난에 허덕이는 병원을 이용하고, 대기 명단에 이름을 올려둔 채 오래 기다렸다가 과로로 시달리는 의사, 간호사, 의료 인력에게 자신을 맡겨야 한다.

민영화는 세계은행과 국제통화기금이 강력히 지원해 왔으며 어떤 '구조 조정' 처방에든 포함되는 표준 구성 요소다. 민영화는 시장에서 정부가 할 일은 없으며 최소한의 정부가 최상의 정부라는 관념을 바탕으로 한다. 각국은 공공 자산을 민영화하라는 압력 외에도 민간 부문에 외국인 투자를 활성화하라는 압력에도 시달렸다. 하지만 외국 기업의 투자가 경제적 진보를 보장해 주지는 않는다.

일례로 외국인 직접투자(foreign direct investment, FDI)의 대부분은 국영기업 매수나 국내 기업의 보통주 매입 및 인수 합병에 필요한 자금이다. 1997년 해외 인수 합병은 외국인 직접투자 총액의 59퍼센트를 차지했다. 이 중 새로운 생산 활동으로 이어진 경우는 하나도 없고 합병 완료 후의 기업 살빼기의 결과로 일자리만 없어져 버리고 말 우려가 있다. 또한 다국적기업이 국내에서 남긴 이윤을 해외의 본사로 송금한다면, 해외에서 들어오는 투자가 늘어나도 외환은 오히려 국외로 유출될 수 있다. 만일 외국 기업이 주로 국내 시장을 겨냥하고 생산 활동을 함으로써 수입 대체 효과를 내지 않고 국내 공급자들을 축출하는 결과를 낳는다면 국제수지에는 상당히 심각한 문제가 발생할 수도 있다.(222쪽, '불가사리 주식회사' 참고)

외국인 투자 통제

다시 말해 문제는 외국인 직접투자의 양이 아니라 질이다. 각국 정부는 자국민에게 이득이 되는 외국인 투자를 선별적으로 받아들이고 대체로 부정적인 영향을 미치는 투자를 거부할 필요가 있다. 외국인 투자가 국가 발전에 긍정적으로 기여하려면 투기적 활동이 아닌 생산적 활동을 해야 한다. 이렇게 중요한 시기에 자유무역 체제와 양자 간 무역 협정이 협정에 동의한 국가들의 행동의 자유를 효과적으로 제약하는 바람에 정부의 주권 손상이 불가피해지면서 투자의 질에 영향을 미칠 정부 권력은 점차 감소하고 있다.

기업의 권력과 비윤리적 태도에 대해 우려하면서도 대부분의 남반구 정부들은 다국적기업으로부터 투자를 받는 데 열중하고 있다. 다국적기업은 상품 유통에 매우 능숙하고 기술 혁신의 최첨단을 달리는데다가 새로운 경영 기법과 마케팅 전략을 전수해 줄 수 있기 때문이다. 게다가 다국적기업 해외 지사의 임금과 근로 조건이 국내 기업에 비해 대체로 나은 것 또한 사실이다.

그러나 구조 조정의 결과, 규제가 완화되었다는 단순한 이유만으로 외국인 투자자들이 자연히 몰려오는 것은 아니다. 사실 큰

손들이 갈 곳은 뻔하다. 이들은 가장 안전한 곳, 단기 수익을 낼 잠재력이 가장 큰 곳으로 간다. 국제연합개발계획의 1999년 『인간개발보고서』 자료를 살펴보면 직접투자의 대부분이 소수의 개발도상국에 집중되어 있음을 알 수 있다. 1997년 남반구 및 과거 소비에트 블록 지역에 투자된 외국인 직접투자 총액 중 70퍼센트가 고작 10개국에 집중되었고 그 대부분은 오직 한 나라, 중국으로 향했다.

국고 고갈

한편 같은 해 선진국을 향해 간 외국인 투자는 외국인 투자 총액의 거의 60퍼센트에 이른다. 기업이 우위를 점하고 있는 것은 경제협력개발기구(Organization for Economic Cooperation and Development, OECD) 회원국에서조차 마찬가지다. 기업들은 투자에 대해 가장 매력적인 장려 제도를 갖춘 국가를 찾아다니며 마음대로 나라를 바꾼다. 정부는 국고를 고갈시키면서까지 민간 투자자들에게서 일자리를 사들이려고 노력한다. 면세 기간 부여, 무이자 대출 제공, 보조금 지급, 직업 훈련 체계 확립, 제한 없는 이윤의 본국 송금, 공공자금으로 확충한 설비·도로·시설 등은 기업들이 새로운 공장이나 사무실을 개설하는 대가로 기대하는 '장려 제도' 들이다.

거대 다국적기업들은 자신들을 '전 지구적 기업' 이라고 부른다. 이 명칭은 거대 다국적기업이 인류의 복리를 위해 애쓰는 국적도 없고, 형체도 없는 존재라고 믿게 만드는 효과가 있다. 그러나 진실은 그렇게 간단하지 않다. 진짜 국적이 없는 거대 기업은 거의 없다. 거대 기업 대부분은 본사를 둔 한 국가와 굳게 결속되어 있다. 마이크로소프트 사社와 디즈니 사社는 미국 기업으로, 노텔네트 사社는 캐나다 기업으로, 베텔스만 사社는 독일 기업으로, 알티지(RTZ) 사社는 영국 기업으로, 브로큰힐 사社는 오스트레일리아 기업으로 인식된다. 이 기업들이 각국 정부에 세금 우대, 창업 보조금 지급, 여타 편의를 요구할 때는 자국 깃발을 내세워 자신을 보호하는 데 아무 문제가 없다. 하지만 이들의 충성심이란 변덕스러운 것이어서, 단기간에 더 많은 수익을 낼 기회가 있는 곳으로 즉시 이동할 수 있다. 다국적기업이 속박에서 대체로 자유롭다는 사실은 비용이 가장 저렴한 곳으로 공장을 이전할 수 있음을 의미한다. 이 때문에 각국 정부는 경쟁할 수밖에 없다. 공장 이전, 노동자 해고, 생산의 자유로운 이동 등 기업이 가진 정치적 권력은 부족한 일자리를 창출하려고 혈안이 되어 있는 정부로부터 더 큰 특혜를 얻어 내는 데 이용할 강력한 협상 카드로 작용한다.

최근 몇 십 년 사이 기업이 쟁취한 최대의 정치적 승리는 법인세율 축소다. 영국의 경우 법인세율은 1979년 52퍼센트에서 2000년에는 30퍼센트로 떨어졌다. 노동당 총리 토니 블레어 Tony Blair 조차 영국 기업이 받는 제약이 미국 기업보다도 적다고 자랑해 왔다. 지난 이십 년간 모든 경제협력개발기구 회원국의 법인세율이 하락했고, 개인 소득세와 일반 거래세에 대한 세입 의존도는 점점 높아졌다. 1950년 미국의 법인세는 정부 세입의 30퍼센트를 차지했지만 오늘날에는 12퍼센트에도 못 미친다.

　이처럼 막대한 기업의 규모, 부, 권력은 다국적기업과 기업 일반이 사회적 쟁점 및 정부의 역할에 대한 공적 논쟁을 자신들의 이해관계에 부합하도록 구조화할 능력을 의미한다. 그들은 큰 목소리와 정치적 권력을 이용해 효과적인 선전 기제를 구축하고, 위대한 이탈리아 정치이론가 안토니오 그람시가 저들의 '문화적 헤게모니'￭라고 부른 것을 증진시킨다. 정밀한 공적 관계, 미디

■ 깊이 읽기

문화적 헤게모니

안토니오 그람시(Antonio Gramsci, 1891~1937)는 이탈리아 공산당의 창설자다. 토리노 대학에 재학하던 중에 이탈리아 사회당에 입당했으며 1921년 이탈리아 공산당을 창립했다. 1926년 파시스트 당국에 체포되어 죽기 직전까지 감옥에 갇혀 지냈다. 변증법적 유물론과 사적 유물론의 통일을 주장했으며 프롤레타리아트의 지도성(헤게모니)과 그 실천 기구(당)에 대해 새로운 이론을 만들었는데, '문화적 헤게모니cultural hegemony'도 거기서 나온 개념이다.

헤게모니란 현실에 관한 지배적인 개념이며, 모든 사고방식과 행동 양식이 이 지배적인 개념을 통해 충족되는 질서를 말한다. 그람시는 국가가 독재와 강제 기구를 통해 대중을 통제하는 정치사회의 영역과 사적 조직체의 수단으로 헤게모니가 행사되는 시민사회의 영역을 구분하고, 지배 계급은 정치사회의 영역을 통해 힘에 의존한 강제로써 지배할 뿐 아니라 시민사회의 교육적, 종교적, 단체적 제도들을 통해 자신의 세계관을 확산시키고 대중화함으로써 피지배층의 동의를 확보해 헤게모니를 장악함으로써 지도력을 발휘한다고 보았다. 옮긴이.

어 조작, 고위층 인사와의 친분 등을 통해 경제에 대한 신자유주의적 견해가 한 나라를 운영하는 '상식'으로 통용되게 되었다. 이 같은 패러다임의 급선회는 불과 삼십 년 사이에 이루어졌다.

기업의 궁극적인 책임은 주주들의 이익을 보장하는 것이기 때문에 최고 경영자는 연례 주주 총회 때마다 투자자들에게 다시금 확신을 심어 주어야 한다. 그렇기 때문에 기업의 의사 결정에서 중요하게 다루어지는 것은 주주들의 몫이 늘어날 것인가 하는 점이지 그 결정이 가져올 사회적, 환경적, 경제적 결과가 아니다. 기업에게 공공선 추구를 의무로 부여하지 않는 한, 기업 경영에 있어 국익이나 공동체의 이익 따위는 관심사에 들지 못할 것이다.

북미자유무역협정(North American Free Trade Agreement, NAFTA)은 기업의 세계화를 진일보시키기 위해 추진된 최초의 지역 경제 협약 중 하나다. 워싱턴에 근거한 비정부기구인 '퍼블릭 시티즌 Public Citizen'은 미국 기업들이 임금이 저렴한 멕시코로 꾸준히 이전해 갔고 북미자유무역협정이 발효된 1995년 이후 수백만 개의 일자리가 사라졌다고 기록했다.

이 단체는 『월스트리트저널Wall Street Journal』을 인용해 청바지 제조 업체 '게스 사社'의 사례를 소개한다. 북미자유무역협정이 체결되기 전 '게스 사社'의 로스앤젤레스 공장에서 생산되던 의류의 비율은 97퍼센트였으나 이 년 후 35퍼센트로 줄어들었다. 그 이 년 동안 회사는 다섯 곳의 공장을 멕시코로 이전했고 나머지는 페루와 칠레로 이전했다. 로스앤젤레스에서 '게스 사社'의 노동자 천 명 이상이 일자리를 잃었지만 무역협정을 지지하는 기업가들은 북미자유무역협정이 창출했다는 수천 개의 일자리에 대한 증거를 제시하지 못했다.

그리고 북미자유무역협정 때문에 사라진 고임금 제조업 일자리를 대체한 것은 저임금의 비정규 서비스 부문이었다. 북미자유무역협정은 일자리를 잃지 않은 미국 노동자들의 임금에도 부정적인 영향을 미쳤다. 이들은 시급 1달러~2달러, 또는 그 이하의 임금을 받고 일하는 고학력의 숙련된 멕시코 노동자들과 직접 경쟁하게 된 것이다. 그 결과 고용주를 상대로 한 미국 노동자들의 협상력은 많이 약화되었다. 북미자유무역협정은 멕시코 사람들의 생활수준과 임금을 상승시킴으로써 이 문제를 해결할 수 있다고 했지만 실상은 그렇지 못했다. 생활수준과 임금이 모두 곤두박질쳤고 양국 노동자들의 경제적 전망에 손해를 주었다.

우위

기업이 우위를 차지하게 되자, 사람들은 실업과 그로 인해 야기될 사회적 황폐화에 대해 두려움을 느끼게 되었고 이 공포는 환경 기준과 사회 프로그램 하락 압력을 초래했다. 규제받지 않는 기업 권력을 비판하는 사람들은 이 현상을 '노동 기준 완화 경쟁'이라고 불렀다.

세계무역기구가 뒷받침하는 북미자유무역협정 같은 조약이나 새로운 무역 규범은 각국 정부가 시장의 '지혜'에 간섭하지 못하게 만들어 기업의 힘을 강화한다. 그러나 기업은 여기에 그치지 않고 정부 규제나 사회적 의무에서 완전히 자유로워질 때까지 계속 무역과 투자의 자유를 확대해 나가려고 한다. 아래 소개할 '다자간투자협정(Mutilateral Agreement on Investment, MAI)'은 자신들의 입맛에 맞게 세계를 재구성하려는 거대 기업이 최근 시도한 일 중 가장 유명한 사례다.

현재 세계무역기구에 대한 대중의 환멸감이 널리 퍼지고 세계무역기구의 주력 상표인 세계화에 대한 반대가 증가하고 있지만, 만일 1997년에 활동가들이 다자간투자협정에 대한 정보를 입수하지 못했다면 인간적인 가치를 전 지구적 무역 체계에 주입시키려는 노력은 심한 타격을 입었을 것이다. 1994년 세계무역기구가 세상에 모습을 드러낸 후 지구상의 주요 기업들은 자신들에게 완벽한 자유를 보장하도록 세계 무역 규범을 체계화하려는 계획을 세우기 시작했다. 그들은 전 세계 거대 기업들의 '직업 연합'인 국제상공회의소International Chamber of Commerce가 초안하고 논의를 위해 부유한 국가들의 모임인 경제협력개발기구 회원국들에게 제출된, 그리고 무사통과될 것으로 믿었던 협약인 다자간투자협정에서 그 해답을 찾았다.[5]

일단 경제협력개발기구를 통과하면 그 다음 정류장은 세계무역기구가 될 것이었다. 제3세계 정부들이 다자간투자협정에 대해 '식민 시대 경제로의 후퇴'라며 의혹을 제기하는 것은 당연했다. 그러나 경제협력개발기구의 힘을 등에 업은 다자간투자협정의 지지자들은 다자간투자협정이 곧 세계무역기구 공식 문서로 채택될 것이라고 생각했다.

1995년 초부터 경제협력개발기구 회원국 대표들은 다자간투자협정에 대한 논의를 비밀리에 진행했다. 1997년 초반에 이르면 대부분의 조약문이 문서화되지만 대중은 여전히 아무것도 알지 못했다. 사실 29개 경제협력개발기구 회원국의 정치인 대부분조차 이 교섭에 대해 알지 못할 정도였다. 다자간투자협정 문서의 효력 범위 전체가 명백히 밝혀진 것은 캐나다 활동가들이 다자간투자협정의 사본을 입수해 인터넷을 통해 전 세계로 유포시킨 뒤였다.

다자간투자협정은 기업의 꿈을 현실화한 것이었다. 근본적으로 이 협약은 모든 협약 당사국 내에서 민간 기업이 국가와 동일한 법적 지위를 가지도록 꾸며졌다. 그러나 더 중요한 사실은 기업이 주권국 정부의 반대에 맞서 자신들의 새로운 권리를 방어할 수 있도록 만들어 주는 일련의 규범을 명백히 했다는 점이다. 다자간투자협정은 다국적기업의 이해관계에 부합하는 쪽으로 심하게 편향되어 있었기 때문에 비판가들은 즉시 이 협약을 '기업 지배 조약'이라고 부르게 되었다.

가령 기업은 다자간투자협정 조항에 의거해 자신의 잠재적 이윤을 감소시킬지도 모르는 법안을 통과시킨 정부를 고소할 수 있다. 기업은 외부의 어떤 이해관계 세력도 연루되지 못하도록 이 사건을 비밀에 부칠 수 있고 판결 내용은 구속력을 가질 수 있다. 또한 다자간투자협정은 사회적 프로그램에 쓰이는 공공 자금이 자유 시장과 '상업상 공평한 경쟁의 장'을 왜곡한 것으로 간주해 외국인 투자자들의 이의 제기를 허용했다. 국영 산업을 민영화할 때 정부는 국내 구매자에게 특혜를 주어서는 안 된다. 나아가 정부는 외국인 투자에 대해 지역 공동체나 국민경제에 기여하라고 요구해서도 안 되며, 외국 기업에게 국내의 공공 소유 자원을 사용하도록 허락해 준 대가로 국내 생산, 지역 내 고용, 호의적인 활동, 기술 이전, 기타 어떤 것도 요구해서는 안 된다. 마지막으로 이윤의 본국 송금도 전혀 제한할 수 없다.

다자간투자협정 문서의 내용이 공개되자마자 세계 각지의 시민단체들은 다자간투자협정의 잠재적 파괴력을 대중에게 알리기 위한 선전전을 왕성하게 펼치기 시작했다. 영향력 있는 활동가 토니 클라크Tony Clarke와 모드 발로Maude Barlow는 각지의 시민단체들의 의견을 모아 다음과 같이 기록하고 있다. 다자간투자협정은 '기업에게 국제 협정을 직접 시행할 권리를 부여해 준다. 하지만 기업은 협정 당사자도 아니고 협정에 따른 의무도 지지 않는다. 더구나 시민이나 정부는 기업을 고소할 수 없는 까닭에 완전히 일방적인 협정이다. 다자간투자협정은 세계 어디서든 정부 사업, 정책, 법률에 이의를 제기할 수 있는 새롭고 실질적인 권리를 외국인 투자자들에게 부여한다.[6]

다자간투자협정에 대한 저항

불과 몇 달 사이에 이 밀약과 관련한 대중의 불안은 극도로 악화되었다. 프랑스, 오스트레일리아, 캐나다, 미국의 정치인들은 여러 수준의 다양한 논쟁에 둘러싸였고 정부는 다자간투자협정의 일부 조항에 맞서 스스로를 보호할 수 있는 '유보 조항'을 추가하라는 압력을 받았다. 1998년 5월 마감 시한이 임박했을 때 대화는 답보 상태였고 대중의 반대로 인해 협약을 더 이상 진전시키는 것은 불가능하다는 것이 분명해졌다.

이는 성장하고 있는 국제 시민운동이 일궈낸 멋진 승리였다. 하지만 다자간투자협정이 이런 식으로 종말을 고했다고 해서 규제받지 않는 전 지구적 투자 조약을 추구하는 기업의 의제의 종말까지 선언한 것은 아니었다. 이제 시민단체들은 다국적기업들이 다자간투자협정과 유사한 투자 조항을 집어넣기 위해 압력을 행사할 수 있는 세계무역기구 및 다른 전 지구적 회의에 초점을 맞췄다. 레온 브리튼Sir Leon Brittan 유럽위원회European Commission 부회장은 다음과 같이 선언했다. "내가 보기에 (…) 투자는 세계무역기구의 최우선 가치이다. (…) 왜냐하면 투자는 규범을 결집하는 적절한 틀의 개발에 관련되기 때문이다."

경제직 세계화가 야기한 임금 하락 빛 사회 프로그램 축소 압력은 자유무역지대(free trade zones, FTZs)의 등장으로 더욱 심화되었다. 제3세계 여러 나라가 운영 중인 자유무역지대는 말레이시아와 필리핀에서 엘살바도르, 멕시코, 심지어 사회주의 국가 쿠바에 이르는 지역에만 팔백여 개소가 넘게 존재할 정도이다. 이 같이 공식적인 인가를 받은 장소는 일종의 개별적인 나라처럼 존재한다. 이곳에 입주한 기업 고객에게 국가는 최소 과세, 환경 규제 완화, 저렴한 노동력, 저렴한 경비 등의 편의를 제공한다.

전 지구로 확장해 나가려는 끈질긴 노력 속에서 기업은 자본주의적 생산의 중요한 양상인 과잉 생산 문제를 무시해 왔다. 대량 생산의 개척자 중 한 사람인 헨리 포드Henry Ford는 80여 년 전 이미 인간 노동을 기계로 대체하고 대체되지 않은 노동자들에게 빈곤선에 가까운 임금을 지급할 경우, 자동차를 많이 생산할 수는 있지만 결국 생산된 자동차의 구매자를 찾을 수는 없다는 딜레마가 발생한다는 것을 깨달은 바 있다. 상품은 넘치는 데 구매자는 부족하다. 오늘날 전산화된 최첨단 장비를 통해 이루어지는 대규모 투자 또한 수백만의 일자리를 파괴하면서 동시에 생산성을 높이고 임금 성장을 억제해 왔다. 헨리 포드 소유의 자동차 부문이 적절한 사례이다. 지난 십 년간 자동차 산업에서 이루어진 대규모 재구조화의 주요 이유 중 하나는 전 세계적으로 25퍼센트 내지 30퍼센트로 추산되는 과잉 생산이다. 지구상의 자동차 산업은 잠재적 구매 대수에 비해 무려 2천만 대 이상을 과잉 생산할 수 있다고 『이코노미스트 *Economist*』는 전한다.

과잉 생산은 신발과 철강에서 의류와 전자 제품에 이르는 모든 산업 분야에서 발생하는 전 지구적인 현상이다. 중국의 초과 제조 능력은 40퍼센트를 상회한다는 추정치도 나왔다. 손실을 줄이기 위해 업계에서는 합병이 이루어지고 공장들은 문을 닫았지만 생산량은 그대로이거나 오히려 증가했다. 이로 인해 이윤율이 하락하게 되면 산업은 더 나은 효율성을 추구하게 된다. 첫 번째 방책은 노동 비용을 꾸준히 삭감하는 것이다. 이 방법은 당장의 수익 증대에는 도움이 될지 모르나 시간이 갈수록 전 지구적 수요를 감소시키게 된다. 인수 합병도 또 하나의 방법으로 여겨지는 데, 생산 통합·공장 폐쇄·노동자 해고를 통해 비용을 절감할 수 있지만 수요 감소가 불가피하기 때문에 장기적인 관점에서는 자멸의 길이라고 할 수 있다.

초과 생산의 진정한 위험은 '디플레이션'이다. 디플레이션은 완만한 고용 증가, 상품 및 생산품의 상대적인 가격 안정 대신 가격과 임금의 꾸준한 하락을 가져온다. 경제 용어를 이용해 간단히 정리하면 다음과 같다. 수요를 초과한 생산력은 가격 하락을 가져오고 그에 따라 실업이 증가하며 임금은 다시 하락한다.

잘 알려진 대로 1930년대는 디플레이션이 야기한 파괴적인 붕괴를 겪었던 시기였다. 공장은 폐쇄되고 수백만의 노동자가 해고당했다. 다행히 제2차 세계대전에 사용될 무기 및 다른 군수품 수요를 맞추기 위한 생산이 폭증하면서 이 파국에서 벗어날 수 있었다. 그 이후로 지금까지 세계는 미국 경제를 '최후의 소비자'로 만들어 버림으로써 디플레이션이라는 망령을 억제해 왔다. 국제통화기금에 따르면 1998년 이후 세계 총수요 증가분 중 절반이 미국에서 나온 것이라고 한다. 달러화 강세와 엄청나게 과평가된 주식시장에 힘입어 미국 경제는 미국 이외의 세계에서 생산되는 저렴한 수입품들을 빨아들였다. 그 결과 막대한 규모의 재정 적자와 기록적인 무역 적자가 발생했다. 1999년 미국의 무역 적자는 1995년 무역 적자액의 거의 세 배에 달하는 3천억 달러에 육박했다.

전 지구화된 자유 시장의 시대를 맞아, 각국은 번영에 이르는 길이라고 알려진 수출 촉진에 주력하고 있다. 이러한 현상이 나타나게 된 이유로는 '정부 지원을 통해 고용을 증진시키는' 방법으로 국내 성장을 촉진하는 전통적인 케인스주의적 방법이 인기를 상실한 탓도 있다. 게다가 몇몇 국가들은 이제 국내 저축을 국내 시장에 대한 투자로 전환하려는 경향을 보이거나 정치적 의지를 드러내고 있다. 모든 국가들이 외부로 눈을 돌림에 따라, 자국 경제의 생존을 위한 국제무역 의존도는 점점 더 높아져만 갔다. 이같이 무역에 초점을 맞추는 추세는 수치상으로도 확인된다. 국제연합식량농업기구UN Food and Agriculture Organization에 따르면 1972년에 2천2백4십억 달러이던 국제 농산물 무역의 가치가 1997년에는 두 배 증가해 4천5백7십억 달러에 달했다. 국제 임산물 무역 역시 1970년 4백억 달러에서 1998년 천3백9십억 달러로 높아졌다.

그러나 다른 국가를 상대로 성공을 일구어 내는 일은 한 국가가 상품을 얼마나 경쟁력 있는, 즉 얼마나 저렴한 가격으로 세계 시장에 내놓을 수 있는가의 여부에 달려 있다. 이런 종류의 경쟁에는 비용 절감이 불가피하며 가장 손쉬운 비용 절감법은 임금 삭감이다. 그러나 우리가 이미 살펴본 대로 저임금에 기초한 수출에는 국내 구매력을 손상시켜 국내 수요를 저하시키는 역효과가 반드시 따라온다. 간단히 말해 노동자의 벌이가 줄어드는 만큼 소비도 줄어드는 것이다. 오타와 대학의 경제학자 미셸 초수도프스키Michel Chossudovsky는 다음과 같이 기록했다. "개발도상국의 수출 확장으로 국내 구매력의 감소가 예상된다. 공급 중시 정책 때문에 빈곤이 창출되는 것이다." [7]

국제연합의 기록에 따르면 전 세계적으로 지난 십 년간의 소득 원은 임금 소득에서 금융 소득으로 꾸준히 이동해 왔다. 투자자 들은 연 5퍼센트 내지 6퍼센트의 이자 수입으로는 만족하지 못하 게 되었다. 자본의 자유로운 이동을 막는 장벽이 세계 곳곳에서 무너지기 시작하면서 기업, 은행 및 여타 주요 투자자들은 자신 의 수익을 극대화시킬 확실한 수단을 찾아 헤매고 있다. 해답은 가까이에 있었다. 투자자들은 제조와 상품 생산 같은 '실물' 경 제를 떠나 국제 금융의 세계로 이동했다. 과거처럼 상품 및 서비 스 시장에서 점점 더 돈을 적게 쓰는 소비자를 두고 경쟁하는 것 보다 국제 자금 시장에서 투기와 도박을 하는 편이 더 손쉬워 보 였다. '전 지구적 도박판'의 시대가 도래한 것이다.(223쪽, '기업 권력에 대하여' 참고)

5

전 지구적 도박판

GLOBALIZATION

동남아시아의 금융 위기는 누가 책임을 져야 하는
가? 국제기구들이 가난한 나라의 부채 해결을 위한
비정부기구들의 제안에 귀 기울이지 않는 까닭은
무엇인가?

전 지구적 도박판

극소전자공학 혁명과 짝을 이룬 전 지구적 금융의 규제 철폐는 자본의 물결이 쇄
도하도록 만든 도화선이 되었다. 통제받지 않는 투기가 장기적인 생산적 투자를
능가했고, 전 지구적 경제를 위협한다. 수백만의 사람들에게 고통을 안겨 주었던
최근의 금융 위기는 자본 시장 통제 및 외환 거래자 억제를 위한 행동이 시급하다
는 사실을 확인시킨다.

경제적 세계화의 가속은 전 세계 사람들의 생활에 극적인 변화
를 가져다주었다. 소수의 사람들에게 집중된 부가 증가할수록 부
유한 사람들과 가난한 사람들 사이의 격차는 벌어지고 지구의 자
연 자원에 대한 공격도 빨라진다.

그러나 지난 삼십 년 동안 이루어진 가장 크고도 가장 위험한
변화는 전 지구적 금융 분야에서 일어났다. 각국이 차례로 외국
인 투자 장벽을 낮추면서 전 세계 외환 거래 규모는 폭발적으로
증가해, 1980년의 외국환 거래는 하루 평균 8백억 달러였지만 오
늘날의 전 지구적 통화 시장에서는 1조 5천억 달러를 넘어서는
돈의 주인이 하루아침에 바뀌는 형편이다.

액수도 상상이 어렵지만 그보다 더 놀라운 것은 이 투자금 대부분이 실제로 살아가는 사람들을 위한 실물 상품 및 서비스 생산과는 사실상 무관하다는 사실이다. 1998년 일 년 동안 이루어진 전 지구적 상품과 서비스 무역액은 65억 달러였는데 이 금액은 외환시장의 4.3거래일 동안의 거래액에 해당한다.[1]

국제금융의 세계는 기술적으로는 난해하지만 본질은 단순하다. 목적은 오직 금전 창출뿐이므로, 이익이 남지 않는다면 투자하지 않는다. 과잉 생산과 세계적인 임금 하락으로 실물 경제 성장이 둔화되자 투기성 투자가 성장했다. 돈 놓고 돈 먹기 식의 투자가 전 지구적 경제의 동력인 생산적 투자를 능가했다. 국제적 자본 이동에 대한 통제가 거의 없는데도 브레턴우즈 기관들, 거대 다국적 은행 및 다국적기업들은 대부분 금융의 자유가 덜 필요한 것이 아니라 더 필요하다는 견해를 보인다.

1936년 『고용, 이자 및 화폐의 일반이론』에 기록된 케인스의 말을 믿는 사람들은 이 견해에 동의하지 않는다. 이 책에서 케인스는 "만일 투기꾼이 안정적 기업 운영 위에 낀 거품이라면 해가 아닐 수 있다. 하지만 기업이 투기라는 소용돌이 위의 거품이 되는 반대의 상황은 위험하다."고 경고했다. 제2차 세계대전 이후 전 지구적 경제를 운영하기 위해 브레턴우즈가 정한 규칙은 엄밀히 말해 금융자본을 규제해서 국경 안에 묶어 놓으려는 시도였다. 영국 대표로 회의에 참석했던 케인스는 규제받지 않는 국제적 자본 흐름이 각국에서 선거를 통해 선출된 정치인들의 손에서 권력을 빼앗아 사리사욕만을 궁극적 목표로 삼는 부유한 투자자의 손에 넘겨주게 될 것이라고 경고했다.

오늘날 이들의 사리사욕이 대혼란을 야기하고 있다. 전 지구적 시장의 규제가 철폐되기 시작한 1980년대 초반 이래로 단기적 투기 세력은 국제 투자 흐름의 구성 요소 중 가장 큰 몫을 차지하게 되었다. 수십억 달러의 헤지펀드, 뮤추얼펀드, 연기금을 굴리는 운용가들은 아주 미세한 환율 차이를 이유로 이 나라에서 저 나라로 광속보다 빠르게 이동한다. 이 같은 통화 흐름의 변동성은 물리적 경제와 거의 완벽하게 분리되어 있다. 실물 상품 거래 활성화를 위해 1달러가 필요하다면 9달러는 외환시장에서 투기로 탕진된다.

기업 주도의 세계화를 비판하는 사람들은 규제받지 않는 자본의 흐름이 전 지구적 경제의 안정성을 위협하는 주요 요인이며 세계를 '전 지구적 금융 도박판'으로 바꿔 놓고 있다고 성토한다. 자본의 자유로운 흐름은 또한 정치에도 직접적인 영향을 주어 각국 정부를 시장의 뜻에 볼모로 잡힌 신세로 전락시켰다. 일반적으로 용인되는 이 같은 지혜에서 조금이라도 벗어나면 즉시 응징이 가해진다. 이러한 위협 때문에 자기 검열이 이루어지고 민주주의에 심각한 손실이 발생한다.

1970년대 후반과 1980년대 초반 사이에 이루어진 금융 규제 철폐와 정교한 컴퓨터 통신의 발전은 투기성 투자의 폭발을 촉발한 한 쌍의 도화선이었다. 1990년대 내내 세계은행, 국제통화기금, 미국 재무성은 자유로운 금융시장이 가져다 줄 이득을 설파하면서 제3세계 정부에게 국내 주식 시장과 금융 서비스 산업의 문호

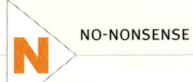
외환 거래의 엄청난 소용돌이

매일 전 지구적 통화시장에서 1조 5천억 달러가 넘는 돈의 주인이 바뀐다.

▶1998년 일 년 사이 이루어진 전 지구적 상품과 서비스 무역액은 6십5억 달러였는데 이 금액은 외환시장forex의 4.3거래일 동안의 거래액에 맞먹는 금액이다.

▶같은 해 각국 정부가 보유한 당시의 외환 보유고 총액은 외환시장의 일일 거래액보다 조금 많은 1조 6천억 달러에 지나지 않았다.

▶외환시장에서 이루어지는 총 거래의 95퍼센트는 단기투기자금인 것으로 추산된다. 80퍼센트 이상이 일주일 내에 거래되었고, 40퍼센트 이상이 이틀 내에 거래되었다.

▶가난한 국가로 흘러들어가는 민간 금융의 규모는 1990년 4백4십억 달러였던 것이 1997년에는 2천5백6십억 달러로 치솟았다.

외환시장 성장률-외환시장 일일 거래액

(십억 달러)

▶출처― *The Global Gamblers, British Banks and the Foreign Exchange Game*, War on Want, London, 1999.

를 개방하라고 압력을 넣었다.

어이없는 것은 원래의 브레턴우즈 협정은 특히 금융자본의 이동을 제한해 국경 안에 가두어 두기 위한 것이었다는 점이다. 원래 국제통화기금 협정문 6조에는 '국제적 자본 이동을 규제할 필요성이 생길 경우 회원국은 규제를 위한 통제 수단을 시행' 하도록 허용하고 있다.

자그디쉬 바그와티Jagdish Bhagwati 前前 '관세와 무역에 관한 일반협정' 사무총장 자문이 '월 가街 / 미국 재무성' 복합체라고 부른 세력의 압력을 못 견딘 각국 정부는 1980년대 초반 국경을 넘나드는 투자 자본과 이익의 흐름에 대한 국가적 통제를 완화하기 시작했다. 이에 따라 금융 서비스 산업은 전대미문의 혁명적 상황에 처했다. 인수, 합병, 해외 확장의 파도가 밀려왔고 아직 진행 중이다. 대부분의 나라에서 은행, 신탁회사, 보험회사, 투자 중개업은 서로의 사업을 두고 다투고, 국제무대에서 경쟁할 권리를 가지게 되었다. 1930년대의 공황 이후로는 서구의 나라들이 경험하지 못했던 수준의 규제 철폐가 이루어졌다.

전산화를 마친 전 지구적 금융 체계란 외환 거래자들이 고작 컴퓨터 자판 몇 번 두드리는 것으로 수백만 달러를 세계 어느 곳으로든 즉시 이동시킬 수 있다는 것을 의미한다. 투자자들은 통화 가격의 미세한 변동을 이용해서 즉석에서 수익을 낸다. 필리핀 경제학자 월든 벨로Walden Bello는 그 결과를 전 지구적 차익 거래 시합이라고 불렀다. "자본은 전 지구적 시장의 불완전성을 악용해 수익을 낼 방법을 찾아 이 시장에서 저 시장으로 움직인다. 이들이 이용하는 것은 금리 차이, 명목 통화가치와 '실질' 통화가치 사이의 차이, 주식 공매Short Selling 등이다." 즉석에서 수백만 달러가 이동해 다니는 첨단 기술 세계의 핵심에 변동성이 자리 잡고 있기 때문에, 변동성이 전 지구적 자본주의 체계 전반을 추동하는 힘이 되어 왔다는 벨로의 언명은 자연스럽다.[2]

● 주식 공매空賣 — 주식이나 상품의 현물을 가지고 있지 않거나 가지고 있더라도 실제로 이를 상대방에게 인도할 의사가 없이 증권회사나 중개인에게 일정률의 증거금만을 지급하고 팔았다가 일정 기간 후에 환매함으로써 그동안의 가격 하락 또는 상승분의 차액만을 결제하는 방법이다. 가격이 하락한 경우에는 이득을 얻지만, 반대로 오른 경우에는 증거금까지 잃을 수도 있다. 현재 주식의 신용거래에서 인정되고 있으며 현물거래와 대비되는 개념이다. 옮긴이.

자산 운용가들은 외환시장에서 투기하는 일 외에도 직접투자나 포트폴리오 투자에도 자금을 투자할 수 있다. 외국인들이 국내 기업의 보통주를 취득하거나 기존의 기업을 사들이거나 새로운 공장이나 기업을 새로 설립하는 경우를 외국인 직접투자라고 하며, 안정적이고 보다 장기적인 성격을 띤다. 외국인들이 국내 주식시장에서 지분을 취득하는 경우를 외국인 포트폴리오 투자(Foreign Portfolio Investment, FPI)라고 하며, 보다 변동성이 큰 것이 특징이다. 문제는 포트폴리오 투자자들과 이들의 펀드가 투자하는 나라를 결부시킬 아무런 구속력이 없다는 데서 시작된다. 자유화된 금융시장이 규범으로 자리 잡은 현재의 전 지구적 체계에서는 이미 수익을 낸 투자자들이나 금융상의 난관이 점쳐질 때 탈출하는 투자자들이 주식을 팔아치우는 행위를 막을 만한 제약이 전혀 없다.

국제연합무역개발회의는 지난 십 년 사이 투자 형태가 외국인 직접투자에서 외국인 포트폴리오 투자로 이동했다고 기록했다. 1998년 발간한 『세계투자보고서 *World Investment Report*』에 따르면 1990년에서 1997년 사이 개발도상국에 투자된 민간자금의 3분의 1이 외국인 포트폴리오 투자였다. 그리고 아르헨티나, 브라질, 멕시코, 타이, 한국 같은 나라에서는 포트폴리오 투자액은 외국인 직접투자액을 사실상 넘어섰다. 국제연합무역개발회의는 외국인 포트폴리오 투자의 증가가 전 지구적 경제에 변동성이 심화되고 있음을 보여 주는 조짐일 가능성이 있다고 기록하고 있다. 왜냐하면 포트폴리오 투자자들은 "장기적인 성장 전망보다는 당장의 이익 전망을 따라다니기" 때문이다. 포트폴리오 투자자들은 떼를 지어 몰려다니는 경향이 있으며, 위기가 닥칠 경우 '대량 철수' 하기 쉽다.

1973년에서 1995년 사이에 전 지구상에 충격을 미친 주요 금융 붕괴만 열한 번이나 발생했다. 마지막 위기는 1997년 중반 '핫 머니' 가 혼비백산하여, 도착할 때만큼 신속하게 빠져나갔던 동남아시아에서 시작되었다. 결국 국제통화기금과 미국 정부가 천2백억 달러가 넘는 긴급 구제 금융을 투입하기 시작했지만 금융 혼란의 피해는 광범위하게 퍼졌다. 타이, 인도네시아, 필리핀, 한국의 통화가 평가절하되었다. 공장은 문을 닫았고 수입은 대폭 줄었으며 노동자들은 해고당하고 보건 의료, 교육, 대중교통 등의 공공 부문 서비스는 과감히 삭감되었다.

국제연합개발계획이 1999년 『인간개발보고서』에서 인정했듯

이, "동아시아의 위기는 따로 떼어 다룰 수 있는 뜻밖의 재해가 아니라 전 지구적 자본시장이 전반적으로 취약하다는 것을 보여 주는 징후"다. 국제연합개발계획만이 이런 평가를 내린 것이 아니다. 달갑지 않은 친기업적 잡지 『이코노미스트』조차도 자본이 갑작스럽게 빠져나가는 일이, "국경을 자유롭게 넘나드는 자본 이동이 좋다는 전통적인 지혜에 정면으로 도전하는 일"이라고 인정할 수밖에 없었다. 자그디쉬 바그와티 같은 논자들의 입장은 보다 더 확고했다. "아시아의 위기는 외국인 단기자본의 과도한 차입과 분리될 수 없다. (⋯) 자본의 유동성에 따라 위기가 발생한다는 사실을 무시할 수 없음이 명백해졌다."

동남아시아의 자유낙하

1997년 여름에 동남아시아 경제가 자유낙하하기 시작했다. 붕괴하기 직전 18개월 동안 이곳으로 유입된 단기 투자 자금은 과거 십 년 동안 이곳으로 유입된 자금보다 많았다. 1990년대에 타이와 말레이시아로 흘러들어간 자본은 국내총생산의 10퍼센트를 넘었다. 그리고 이렇게 유입된 '핫 머니' 대부분은 단기 채무로 남았다. 이전에 이 국가들은 외국인 투자에 대해 보다 신중하게 대처해 왔고 서구에서 들어오는 저렴한 수입품을 차단함으로써 국내의 산업을 발전시켜 왔다.

1990년대에 접어들어 동남아시아 국가들이 소위 '워싱턴 컨센서스'▪의 우등생이 되면서 상황은 완전히 바뀌었다. 국제통화기금과 세계은행은 이 나라들에게 외국인 투자를 끌어들이고 발전 과정을 개시할 방안이라며 자본 계정의 규제 철폐를 권고했다. 1990년을 기점으로 타이, 말레이시아, 인도네시아, 필리핀은 외국인 투자에 문호를 개방하는 정책을 채택했다. 이 정책에는 금리를 인상해 포트폴리오 투자를 끌어들이고, 자국 통화를 달러화에 고정시켜 갑작스러운 통화가치 변동에도 외국인 투자자들은 타격 받지 않도록 보장하는 내용이 포함되었다.

■ 깊이 읽기

워싱턴 컨센서스Washington Concensus

1990년을 전후로 등장한 미국의 경제체제 확산 전략이다. 국가적 위기 발생을 제3세계 구조 조정의 전제로 삼아 신자유주의의 대외 확산 전략을 꾀하는 것으로, 1990년대 미국 행정부와 국제통화기금, 세계은행이 모여 있는 워싱턴에서 정책 결정자들 사이에 이루어진 합의다.

미국의 정치경제학자인 존 윌리엄슨이 1989년 자신의 저서에서 남미 등 개발도상국에 대한 개혁 처방을 '워싱턴 컨센서스' 라 명명한 데서 유래했다. 이 합의에는 개발도상국 등 제3세계 국가들이 시행해야 할 구조 조정 조처들이 담겨 있다. 이 조처들은 정부 예산 삭감, 자본 시장 자유화, 외환 시장 개방, 관세 인하, 국가 기간산업 민영화, 외국 자본에 의한 국내 우량 기업 합병 및 매수 허용, 정부 규제 축소, 재산권 보호 등이다.

제3세계의 국가적 위기 발생을 구조 조정의 전제로 삼아 미국식 시장경제 체제, 즉 신자유주의를 확산시킴으로써 세계경제를 미국 기업이 진출하기 쉽도록 조정해 이익을 극대화하기 위한 금융 자본주의의 음모라고 비난받는다.

'핫 머니'가 국민경제에 미친 충격을 가장 철저히 연구한 학자 중 한 사람인 월든 벨로는 타이의 사례를 간략히 설명한다. 1994년 세계은행은 연례보고서에 타이에 대해 다음과 같이 기록했다. "타이는 대외 개방, 외국인 투자 수용, 보수적인 거시 경제 운영과 신중한 외부 차입 정책이 뒷받침하는 시장 친화적인 철학이 이득을 가져다준다는 사실을 보여 주는 훌륭한 사례다."

어이없게도 활기 넘치던 경제가 가장 먼저 무너지기 시작한 곳은 타이였다. 집단적으로 움직이는 단기 투자자들의 성향이 붕괴를 촉발했다. 벨로는 국제통화기금의 압력에 굴복한 타이가 1992년에서 1993년에 걸쳐 금융 체계에 급격한 규제 철폐 정책을 도입했다는 사실을 지적한다. 이 때 취해진 조치로는 금융기관이나 상업은행의 포트폴리오 관리에 대한 제약 완화, 은행과 금융기관의 영업 확장에 대한 규제 완화, 외환 통제 해제, 방콕국제금융시장(Bangkok International Banking Facility, BIBF) 설립 등이 있다. 방콕국제금융시장은 지역 은행이나 외국 은행의 국외 또는 국내 대출을 허용하는 방법이다. 방콕국제금융시장이 인증한 기업들은 외국환을 예치하거나 거주자나 비거주자를 막론하고 외국환으로 대출할 수 있다. 이 나라로 들어오는 외국인 자본 대부분은 곧 방콕국제금융시장에서 달러화 채무의 형태로 들어오게 되었다.

당구공 자본

문제는 타이로 유입된 자본이 인내심을 가지고 타이 내에 뿌리를 내리지 않았다는 점이다. 유입된 자본의 대부분은 제조업이 아니라 단기간에 큰 수익이 날 것처럼 보이는 부문에 투자되었다. 투자 때문에 주식 가격이 실제 가치보다 높아진 주식시장, 부동산, 자동차 판매 신용 대출 같은 손쉬운 소비자 금융 부문 등으로 수백만 달러가 유입되었다. 1996년 말엽 방콕에 유입된 '핫 머니'는 2백4십억 달러에 달했다. 막대한 자금이 부동산 시장으로 유입되자 미분양 사무실 건물과 아파트 가치는 2백억 달러까지 치솟았다. 해외 투자 자금이 유입된 결과, 1988년 2백십억 달러였던 타이의 대외 부채는 1996년이 되면 890억 달러로 치솟았고 이 중 민간 부문에 진 부채는 적어도 80퍼센트 이상이었다.[3]

이 지역 전체가 비슷한 사연을 가지고 있었다. 한국의 대외 부채는 1993년 4백4십억 달러에서 1997년 천2백억 달러로 세 배 가까이 증가했는데, 이 중 70퍼센트가 쉽게 철수할 수 있는 단기성 자금이었다. 인도네시아의 경우 1997년 중반 금융 부문을 제외한 나머지 산업 부문이 진 부채는 4백억 달러였고 이 중 87퍼센트가 단기성 자금이었다. 공식 통계에 따르면 위기 직전 이 지역 5개국(인도네시아, 타이, 말레이시아, 필리핀, 한국)이 해외 은행에 진 채무는 모두 2천7백4십억 달러로, 그중 64퍼센트가 단기 채무였던 것으로 집계되었다. 이 빚이 바로 금융 재앙의 비결이었다.

타이의 경우 대부분의 투기 자본이 몰린 곳은 단기간에 대박을 꿈꾸는 사람들이 언제나 선호해왔던 부동산 부문이었다. 그러나 갑작스러운 자금 유입은 막대한 부동산 거품을 유발했고 결국 외국인 투자자들의 불안을 증폭시켰다. 구매자를 찾을 수 없는 자산에 자신들의 자금이 묶여 있고, 타이 은행들은 회수하지도 못할 수십억의 불량 대출을 떠안고 있음을 깨달은 외국인 투자자들은 혼비백산하여 서둘러 자금을 철수시켰다. (나중에 '전염 효과 contagion effect' 라는 이름을 갖게 되는) 불안은 타이에서 말레이시아, 다시 인도네시아 필리핀, 한국으로 급속히 퍼져 나갔다. 이 금융 혼란은 흑사병마냥 국경을 넘어 전염되었다. 불과 일 년 만에 이 지역의 자본 계정이 반전되었다. 1996년 이 지역 5개국에 9백3십억 달러의 새로운 금융자금이 유입되었고 1997년에는 이곳에서 천5십억 달러가 빠져나갔다. 백2십억 달러의 자금이 고스란히 유출되었다. 투자자들은 가치가 떨어진 통화 및 자산에 자금이 묶여 버리기를 원하지 않았기 때문에 앞 다투어 빠져나가려고 애썼다.[4]

외환시장에 대량으로 개입해 지역 통화의 심각한 평가절하에 기여했던 투기꾼들 때문에 아래로 향하는 잔인한 나선 운동은 더욱 빨라졌다. 투기 공세에 직면한 각국 정부들은 사태를 모면하려고 안간힘을 썼다. 보유하고 있던 외환으로 자국 통화를 사들여 통화가치를 유지하려 했던 일차 방어선은 소용이 없었다. 떼지어 비상 탈출하는 투기꾼들의 행렬은 계속되었다. 다음 단계로 채택한 변동환율제 역시 평가절하의 촉매제로 작용하는 역효과를 냈다. 결국 외국인 펀드가 이 지역을 떠남으로써 외환보유고는 고갈되고 통화가치도 떨어졌다.

타이 바트화가 가장 먼저 압력을 받았고 곧 다른 나라로 평가 절하의 물결이 밀려갔다. 통화 하락으로 해외 차입금이 있는 국내 기업들은 해외 부채를 갚는 데 사용할 외환을 준비하기 위해 더 많은 국내 통화를 지불해야만 했다. 사태가 통제를 벗어나 질주하기 시작했다는 신호가 감지되자 외국 은행과 여타 채무자들은 채무 연장을 거부하고 당장 채무를 상환하라고 요구했다. 이 지역을 사로잡고 있던 공포는 돌연 전 지구적 경제 전체를 전복시킬 징후인 위기로 발전했다. 그 즉시 국제 금융 세력은 손실 가능성을 줄이고 유럽과 미국으로 펀드를 안전하게 회수하기 위해 바트화, 링깃화, 루피아화를 팔아 치우기 시작했다. 자본 탈출의 결과 아시아의 주식시장은 무너졌고 통화가치도 붕괴되었다. 달러화로 빚을 진 기업들은 서구의 채권자들에게 달러화로 빚을 지불할 능력이 없었다.

한동안 각국 정부는 빚을 진 기업들의 대외 채무 불이행을 막아 보려고 정부가 보유한 외환을 기업에게 빌려 주었다. 한국은 이런 식으로 3백억 달러를 소모했지만 곧 자금이 바닥났다. 서구의 은행들은 신규 대출이나 채무 연장을 거부했다. 아시아의 기업들은 채무 이행 능력을 상실했고, 생산고는 줄어들었으며, 노동자들은 해고되었다. 이 지역 경제의 불이 꺼지자 공포는 심화되었다. 아시아의 통화는 적게는 외환 가치의 35퍼센트에서 많게는 85퍼센트를 상실했다. 수입 가격은 상승했고 생활수준은 떨어졌다. 크고 작은 기업들이 갑작스런 신용 고갈로 파산하는 바람에 불과 일 년 사이에 수백만의 노동자가 일자리를 잃었고 기본적인 식료품을 포함한 수입 가격은 치솟았다.

투자자 안심시키기

투자자들을 안심시키고 총체적 금융 붕괴를 방지하기 위해 국제통화기금은 천2백억 달러의 구제 금융을 시행하면서 분투했지만 국제통화기금의 구제 프로그램은 결국 나쁜 상황을 더 나쁘게 만들고 말았다. 국제통화기금의 명령이 가져온 충격을 감수할 수밖에 없었던 나라 사람들의 상황이 특히 나빴다. 구제 프로그램은 국제통화기금이 채권자들을 설득해 채무 연장이나 채무 재조정을 성사시켜 주는 대신 정부가 민간 부문의 지속적인 채무 상환을 보증할 것을 조건으로 요구했다. 이러한 조건은 1980년대 제3세계에 채무 위기가 발생했을 때 국제통화기금이 수행했던 역할과 흡사했다. 북반구 납세자들이 조성한 공공자금이 국제통화기금을 통해 채무국에 전달되고, 이 자금은 남반구의 상업은행을 경유한 후 민간 투자자들의 채무 상환을 위해 쓰이게 된다. 비판가들은 국제 채권자들이 아시아에 지원한 구제 금융을 '전 지구적 금융 엘리트를 위한 사회주의' 라고 불렀다.

국제통화기금의 아시아 구제 프로그램은 또한 자본 계정의 더 많은 자유화를 해당국들에게 강요했다. 정부 지출을 삭감하고 잉여를 창출하는 것이 목적이었다. 이를 위해 국제통화기금은 식료품, 에너지, 공공 수송에 대한 정부 지출이나 보조금 삭감을 동반한 고금리라는 표준적 도구를 적용했다. 외국자본이 고금리라는 미끼를 물고 국내로 다시 들어온다면 모든 것이 원래로 돌아갈 것으로 생각했지만 외국자본은 미끼를 물지 않았다. 신용이 옹색한 상태에서의 고금리는 신용이 높은 상황에서의 고금리가 발생시킬 수 있는 경기 후퇴보다 훨씬 급격한 경기 후퇴를 야기했고, 투자자들의 신뢰 역시 회복되지 않았다.

생산고가 16퍼센트 이상 하락한 나라들도 있었다. 실업은 치솟았고 임금은 추락했다. 타이의 국내총생산 성장률은 국제통화기금 개입 이후 하락해 1997년 8월 2.5퍼센트, 1998년 2월 -3.5퍼센트를 기록했다. 국제통화기금은 비효율적인 은행이라는 악명을 벗고 투자자들의 신뢰를 회복하기 위해 인도네시아 정부에 16개 은행의 폐쇄를 강요했다. 하지만 여전히 은행과 거래하던 고객들에게 두려움을 안겨 주었고 이들마저 은행을 떠나면서 혼란만 심화되었다. 이 나라 기업의 절반이 파산한 것으로 파악된다.

발전의 역행이 너무도 심각해서 비정부기구들은 회복을 위해 십 년 혹은 그 이상의 기간이 걸릴 것으로 추정했다. 옥스팜Oxfam은 이 상황을 다음과 같이 분석했다.

"지금 동아시아를 지배하고 있는 위기의 파괴력은 1929년의 대공황의 위력에 맞먹는다. 금융 위기로 시작된 사태가 전면적인 사회적, 경제적 위기로 전개되면서 인류 발전을 황폐화시키는 결과를 가져왔다. 과거 상승하고 있던 소득은 역전되었고 실업이나 불완전 고용은 위험 수위에 이르렀다. 식료품 가격의 상승과 사회적 지출의 하락은 극빈층의 사회적 조건을 더욱 악화시켰다."[5]

이 위기가 사람들에게 미친 충격은 대단하다. 국제연합 산하 국제노동기구(International Labor Organization, ILO)에 따르면 인도네시아에서는 1997년 9월부터 1988년 9월 사이 2천만 명 이상이 해고당했다. 국제연합아동기금(UN Children's Fund, UNICEF)은 인도네시아의 의료 기관 25만 개소가 문을 닫았고 이로 인해 영아사망률이 30퍼센트 상승할 것으로 보았다. 아시아개발은행Asian Development Bank에 따르면 6백만 명 이상의 아동이 학교에서 퇴학당했다고 한다. 옥스팜은 위기 이후 일 년 사이에 일억 명 이상의 인도네시아 사람들이 빈곤층으로 전락했다고 추산했는데, 이는 이 년 전에 비해 네 배나 증가한 것이다.

이 지역 전체에 인종차별이라는 '희생 제물 삼기'와 공동체 간의 폭력이 부활했다. 말레이시아의 독재자 마하티르 모하마드Mahatir Mohamad는 이슬람 국가의 불안정을 야기한 주범으로 유대인 금융가들을 지목했다. 인도네시아에서는 중국 상인들에 대한 약탈과 방화가 끊임없이 이어졌고, 수백 명의 중국인들이 폭행당하거나 살해당했다.

그러나 아시아의 폭락 속에서 등장한 승리자도 있었다. 아시아의 경제 붕괴 직후, 헐값에 매각된 자산을 잽싸게 낚아채 간 서구 기업이 가장 큰 이득을 보았다. 미키 칸토어Mickey Kantor 전前 미무역대표부 대표는 아시아의 위기 당시 '호랑이 경제'의 경기 후퇴는 서구가 자신의 상업적 이해관계를 '재천명할' 금쪽 같은 기회라고 언급하면서 "아시아 나라들이 국제통화기금에게 도움을 청할 때 유럽과 미국은 국제통화기금을 이용해 유리한 고지를 차지해야 한다."고 주장했다.[6]

국제통화기금 협정으로 인해 외국인 소유 제한이 철폐된 한국에서는 이러한 일이 실제로 벌어졌다. 외국인들이 한국 기업의 55퍼센트와 모든 은행을 사들인 것이다. 재벌이라 불리는, 국가가 지원해 왔던 기업 복합체를 통제하면서 상업을 확고히 유지하려했던 한국 엘리트 집단의 노력은 몇 달도 못 가 무용지물이 되었다. 1998년 1월 프랑스 투자 기업 크레디 리요네 사社는 653개의 비금융 부문 기업 중 외국 구매자로부터 안전한 기업은 87개에 불과하다고 평가했다. 미국 경제학자 루디 돈부시Rudi Dornbusch는 경제 위기의 전반적 충격을 정확히 요약하며 다음과 같이 외쳤다. "이제 한국은 미국 재무성이 소유하고 운영한다. 이게 바로 위기의 긍정적인 측면이다."[7]

아시아 경제가 통화 변동에 그렇게 취약할 수밖에 없었던 핵심 요인은 그들이 자본 이동에 대한 통제를 조금씩 포기해 왔기 때문이다. 각국이 자본 흐름에 대한 통제를 양보했을 때 이미 시장 과정에 개입할 수 있는 도구들이 쉽사리 제거되면서, 오직 이윤에만 눈이 먼 투기꾼들의 손에 자신을 내맡기게 되었다. 더 큰 문제는 국가주권의 핵심인 국내 경제 전략에 대한 통제권을 잃어버렸다는 점이다. 핵심적인 정책 부문을 사리사욕만을 추구하는 외국인 투자자들과 금융시장이 결정한다면 국가는 사회적 의제와 경제적 미래를 스스로 결정할 수 없게 된다.

아시아의 붕괴 당시 말레이시아는 다른 나라들에 비해 비교적 온전한 모습으로 혼란에서 빠져나왔다. 1998년 국내총생산이 7.5 퍼센트 하락하긴 했지만 말레이시아는 다른 국가들이 경험한 파괴적인 사회적 충격에서 벗어나 국가를 운영할 수 있었는데, 그 이유로는 말레이시아가 자본 이탈을 제한하기 위해 중국의 사례를 본떠 도입한 여러 방어적 수단을 들 수 있다. 말레이시아 중앙은행Malaysian Central Bank은 민간 기업이 해외 부채를 차입할 경우, 차입한 부채를 채무 상환에 사용될 외국환을 창출할 수 있는 곳에 사용할 것임을 입증하도록 했다. 중국처럼 말레이시아 또한 자국 통화인 링깃화를 미국 달러화에 고정시켰고, 무역이나 직접 투자를 위해 다른 외국환으로 자유롭게 환전할 수 있도록 허용했다. 그러나 포트폴리오 투자자들은 말레이시아 내에서 최소한 일 년 이상 펀드를 운영해야만 했고, 주민들이 나라 밖으로 내보낼 수 있는 자금에는 한도가 있었다.

가장 중요한 것은 정부가 나라 밖에서의 링깃화 거래를 승인하지 않았다는 점이다. 이 조치는 통화 투기꾼들의 조작을 사전에 방지하는 데 일조했다. 더불어 국경을 넘어 말레이시아 주식시장에 유입되는 투자를 차단하는 조치도 취했다. 이 같은 통제를 통해 말레이시아 정부는 자국 통화가 투기꾼들의 목표물이 되지 않을까 하는 걱정 없이 감세, 저금리, 공공 기간 시설 투자 등을 통해 국내 경제를 활성화시킬 수 있었다. 금리는 11퍼센트에서 7퍼센트로 낮아졌고, 그 혜택은 국내 기업들과 금융 산업에 돌아갔다.(225쪽, '돈 놀이' 참고)

중국의 대응

권위주의적 정치 구조를 가졌지만 국제금융시장에 휘말리지 않음으로써 중국 역시 아시아에 드리워진 덫을 피할 수 있었다. 덕분에 중국은 지구상의 어느 국가보다도 자국 경제를 많이 통제하는 국가가 되었다. 중국 통화인 인민폐(위안)는 자유롭게 교환할 수 없었다. 국내 기업이 어느 정도 금융 체계를 소유하고 있지만 국가의 통제를 받았고, 중국의 주식시장에는 외국인 투자가 비교적 적었기 때문이다. 게다가 세상에서 가장 큰 이 국가는 아직 국제통화기금이나 세계무역기구의 회원이 아니다. 물론 곧 세계무역기구의 회원 자격을 얻을 것이다.(중국은 2001년 12월 11일, 세계무역기구의 회원국이 되었다. 옮긴이)

그 결과 중국은 이 지역의 다른 나라들을 초토화시킨 투기적 집단행동에 강인한 면모를 보였다. 통화를 절상하거나 이웃 나라들이 수출하던 몫을 가로채는 대신 중국은 내수 경제 활성화의 길을 선택했다. 중국 정부는 국민 저축을 2천억 달러의 공공 근로 사업에 사용하기로 결정했다.[8]

또 하나의 성공 사례인 칠레는 투기를 억제하기 위해 일련의 금융 '속도 조절기'를 설치함으로써 외국자본의 단기적 흐름의 불안정성을 규제하고자 했다. 1995년 멕시코 경제가 붕괴했을 때 칠레는 엔까헤encaje 제도를 도입함으로써 악성 '전염' 효과를 피할 수 있었다. 이 제도는 외국인 투자자들이 투자 금액의 30퍼센트에 해당하는 기금을 칠레 중앙은행에 예치해야 한다는 것을 골자로 한다. 더불어 포트폴리오 투자자들도 칠레 내에서 최소한 일 년 이상 자금을 운용해야만 했다. 이러한 장벽은 칠레로부터 자금이 탈출하는 속도를 늦춰 주었고 멕시코의 '테킬라 효과'라고

명명된 금융 압력의 희생양이 되지 않을
수 있었다.

●테킬라 효과tequila effect—
1994년 12월 외환 사정 악화
로 발생한 멕시코의 경제 위
기가 브라질, 아르헨티나 등
주변 중남미 국가로 번진 것
을 빗댄 말로, 이웃 나라들이
모두 독한 멕시코 테킬라 술
에 취한 듯 경제 위기가 파급
되었음을 의미한다. 옮긴이.

　아시아의 붕괴에 놀란 서구 금융 장관
들은 미국의 지휘 하에 무역수지 적자를
경험한 나라들이 위기에 처하기 전에 도
와주는 것을 골자로 한 새로운 계획을
수립했다. 국제통화기금에 9백억 달러
에 이르는 더 많은 자금과 더 많은 권한
을 부여해, '강력한 국제통화기금 승인 정책을 따르는 나라를 위
한 국제통화기금의 실행력을 강화' 시키려고 했다. '사전 예방 기
금precautionary fund'을 통한 즉시 대출이 가능할 경우, 투기꾼들
의 불안이 줄어들어 '핫 머니'가 온순해지고 평가절하가 지연될
것이라는 논리였다.

　국제통화기금의 새로운 계획은 브라질에서 처음 선보였다. 불
행히도 브라질 경제는 인도네시아나 타이가 겪은 금융 위기를 피
해 가지 못했다. 1998년 브라질 레알이 처음 공격받았을 때 페르
난도 카르도소Fernando Cardoso 정부는 평가절하를 막기 위해 4백
억 달러 이상의 외환을 사용했다. 카르도소는 또한 국내 금리를
50퍼센트 높여 자본이 브라질을 떠나지 못하게 붙잡으려고 했지
만 이 모든 노력에도 투기꾼들은 레알화의 평가절하를 계속 부추
겼다. 정부가 국제통화기금에 도움을 요청하는 공식 서한에 서명
한 뒤에도 상황은 변하지 않았다. 1999년 1월, 하루 사이에 거의
십억 달러에 가까운 자금이 빠져나가게 되자 정부는 평가절하 외

에는 달리 손을 쓸 수가 없었다. 이로써 브라질은 하루아침에 통화가치의 3분의 1을 잃어버렸다.

브라질의 붕괴

국제통화기금 정책이 도입될 당시 브라질 경제는 붕괴 일로에 있었다. 고금리는 더 이상의 차입이 불가능했던 국내 기업가들에게 공포를 안겨 주었다. 정부는 국제통화기금이 '사상 최대의 민영화 프로그램'이라고 부른 정책 수단을 채택하도록 강요당했고, 예산 삭감과 공공 부문에서의 해고로 빈곤과 실업이 증가했다. 아시아에서처럼 '국제통화기금—미국 재무성'의 계획은 외국인 투자를 브라질의 유일한 장기적 희망인 양 부각시켰다. 하지만 국내 금리가 1퍼센트 상승할 때마다 갚아야 할 빚은 수백만 달러씩 불어났다. 게다가 이 부채는 평가절하된 브라질 레알로 구매한 경화로 갚아야만 했다. 1999년이 끝날 무렵 남반구에서 언제나 가장 많았던 브라질의 대외 부채 총액은 2천3백억 달러를 넘어섰다.

전 지구를 무대로 돌아다니는 자본의 위험성이 분명했지만, 국제통화기금과 미국 재무성은 자본의 이동을 금지하는 체계의 구축에 적극적으로 나서지 않았다. 그리고 투기꾼들 또한 자신들의 공격을 방어하려는 정부 활동을 제압하기 위해 쉬지 않고 일해 왔다. 외환 거래에 대한 통제를 제거하려는 압력은 반복되는 위기와 수많은 비판에도 불구하고 증가해 왔다.

주목받는 자유무역 옹호론자인 자그디쉬 바그와티는 느슨한 자본 통제는 돈을 창출할 영역을 확장해 온 금융가들의 '사리사욕' 충족에 봉사했다고 주장하면서 "자본 이동을 지지하는 사람들이 자유무역이라는 이데올로기를 탈취했다"고 허심탄회하게 말했다.[9]

브레턴우즈 협정은 '모든 회원국 정부에게 자본 이동을 통제할 명백한 권한'을 부여하자는 케인스의 이상을 처음부터 이행하지 않았다. 그 대신 회원국에게 일부 통제권만을 부여했다. 불행하게도 규제 철폐 요구가 증가하면서 이 제한적인 도구마저 차츰 제거되어 왔다. 로렌스 서머스Lawrence Summers 미국 재무성 관료는 해외 자본의 이동을 막으려는 말레이시아, 홍콩, 그 외 여러 나라들의 노력을 비판했다. 서머스는 통제는 '파국'일 뿐이라며 "외국 금융 서비스 제공자들과 그들이 가지고 올 경쟁력, 자본, 전문성에 문호를 개방하라."고 각국에 촉구했다. 단기성 투기의 본질인 변동성이 가져온 피해로 수백만의 사람들이 입은 피해를 생각해 볼 때 서머스의 근본주의는 근시안적이고 해로운 것이다.

멕시코에서 러시아에 이르는 전 지구적 금융 위기가 휩쓸고 지나간 자리에는 만신창이가 된 사람들이 있고, 이는 과거의 방법이 더 이상 유효하지 않다는 쓰디 쓴 증거가 되고 있다. 지난 십년 동안 세계는 여러 차례 금융 혼란이라는 벼랑 끝을 경험했다. 공익을 위해 금융시장, 채권 거래자, 통화 투기꾼들을 각국 정부의 통제 아래에 붙들어 둘 해결책 마련이 시급하다.

▶헤지Hedging

코코아나 구리 같은 상품을 보유한 기업이 상품을 처분하기 전 가격이 하락한다면 손실을 볼 위험이 있다. 이를 피하기 위해 구매자에게 실제로 상품이 필요한 시점 이전에 미리 해당 품목을 판매함으로써 위험을 '헤지' 할 수 있다. 실물은 정한 가격으로 미래에 인도된다. 헤지 펀드는 위험을 사고파는 업종으로 '고도의 레버리지leverage' 효과를 노리고 차입 자금을 자주 활용한다. 헤지 펀드로 꽤 알려진 미국의 롱텀캐피탈 운용 회사Long Term Capital Management는 거금 2천억 달러를 들여 무리한 사세 확장을 하는 바람에 월 가의 다른 투자 회사들로부터 35억 달러의 긴급 구제 자금을 받아야만 했다. 롱텀캐피탈 운용의 투자 자금은 백만 달러의 자기 자본과 차입금 5억 달러였다.

▶선물Futures, 옵션Options, 스왑Swaps

선물 계약은 상품, 주식, 통화 등을 미래의 특정 시점에, 계약 시에 정한 가격으로 매매하자는 약속이다. 선물 계약과 비슷한 옵션의 경우 미래의 특정 시점에 합의된 가격으로 거래할 권리는 있지만 의무는 없다는 점이 다르다. 금리 스왑은 금융기관이 자산이나 부채의 형태를 변경함으로써 이루어지는 거래다. 스왑은 고정금리와 변동금리 사이에, 상이한 통화로 된 부채들 사이에 성립한다.

▶파생 상품Derivatives

지극히 복잡하고 불안정한 금융 제도를 일컫는 포괄적이고 광범위한 용어다. 선물 계약, 주가지수 선물, 옵션, 스왑은 모두 파생 상품에 속한다. 보통 파생 상품은 주식, 채권, 상품, 통화 같은 기본 자산으로부터 (이름 그대로) '파생된' 가치를 갖는 거래 가능한 유가증권을 말한다. 파생 상품은 위험을 줄이는 헤지 수단이나 투기 수단으로 활용될 수 있다. 1999년 파생 상품의 관념상 가치는 9십조 달러로, 이는 세계 주식시장의 총 가치를 뛰어넘는 것이었다.

금융시장 용어 모음

▶주가지수 Stock market indices

미국 주식시장을 선도하는 30개 기업의 주가를 반영하는 지표인 다우지수Dow Jones Industrial Average가 가장 유명하다. 이외에도 영국의 100대 기업 지표인 FTSE100 지수나 일본의 니케이225 지수가 있다.

▶외국환시장

통화를 거래하는 시장으로, 세계 각지의 수많은 거래 지점을 상호 연결해 주는 컴퓨터 및 전화를 이용해 거래하기 때문에 물리적 장소에 고정된 시장이 아니다. 세계 외환시장의 거래 총액은 국제적인 상품과 서비스의 거래 총액을 몇 배나 상회할 정도로 막대하다.

▶뮤추얼펀드Mutual funds / 단위형 투자신탁Unit trusts

투자자들을 대신해 지분을 보유하는 금융기관이다. 투자자들은 펀드의 지분이나 '좌units'를 구매하며, 펀드는 그 돈으로 여러 회사들의 주식을 보유하게 된다. 좌를 되판 투자자는 한두 기업의 주식이 아니라 펀드의 전체 포트폴리오 중 일부를 판매하는 과정을 통해 투자금을 회수하게 된다.

▶보통주Equties

일반적인 지분이나 보통 주식을 말한다. 보통주 지분을 소유한 주주들은 채권자, 회사채 보유자, 우선주 주주들의 청구권이 소멸된 후 남은 이윤에 대한 자격을 가진다. 이는 배당의 형태로 보통주 주주들에게 분배된다.

▶정크 본드Junk bonds

이자 상환이나 어음 상환 능력을 실제로 가지고 있는지 매우 의심스러운 불안정한 회사가 발행한 채권을 말한다. 이 채권들은 위험 부담이 매우 큰 관계로 대부분 기대 수익이 충분히 높지 않을 경우 채권 보유를 꺼린다.

6

빈곤, 환경, 시장

GLOBALIZATION

지구 전체의 경제는 성장했다고 하는데, 가난한 나라
들이 더 가난해지고 있는 까닭은 무엇인가?
브라질, 러시아, 인도 경제의 붕괴는 왜 일어났는가?

빈곤, 환경, 시장

경제성장이 진보의 열쇠라는 믿음은 지구의 생명 유지 체계가 손상되고 생태적 붕괴의 신호가 급증하면서 의심받기 시작한다. 더 많은 자원을 소비함으로써 고속 성장에 박차를 가했던 세계화는 환경을 남용하고, 부유한 사람과 가난한 사람 사이의 격차를 벌어지게 만든다. 신자유주의 경제학의 기본적인 치료법인 민영화, 감세, 외국인 투자는 효과가 없다. 전문가들뿐 아니라 풀뿌리 공동체에서도 이에 대한 비판과 관심이 증가하고 있다.

케인스 추종자든, 자유 시장 신봉자든, 중앙 계획 경제를 옹호하는 스탈린주의자든 경제학자라면 누구나 경제성장의 치유 능력을 굳게 믿는다. 케인스주의자들이 선택한 것은 정부 규제와 저성장 시대에서 빠져나와 경제를 다시 일으키기 위한 추진 자금의 지출이었다. 이들은 정부 지출이 경제 전반의 촉매제로 작용해 일자리를 창출하며 소비를 자극하는 효과를 보여 줄 것으로 생각했다. 일반적으로 케인스주의자들과 좌파 진영의 경제학자들은 경제를 성장시켜 공정하게 분배하는 데 많은 관심을 가지며 노동자들이 생산 과정을 직접 통제하도록 더 많은 권한을 부여해야 한다고 믿는다.

신자유주의자들은 다른 방식의 소비 촉진 방법을 선호한다. 그들이 선택한 것은 '순수한' 시장 안에서의 해결책, 즉 감세와 저금리 정책이었다. 이들은 사람들의 주머니에 더 많은 돈이 남아 있게 되면 소비와 투자가 활성화될 것이라고 생각했다.

그러나 최근까지 이들이 하나같이 무시해 온 것은 환경이다. 전 지구적 경제는 점점 더 우리별 지구라는 보다 큰 경제에 철저히 의존하게 되었고 지구의 생태적 건강에 문제가 생겼다는 증거는 우리 주변에 널려 있다.

과거 2세기 동안 우리의 산업 생산 체계는 재생 불가능한 자연 자원을 엄청나게 소모해 왔다. 생태계와 서식지 파괴는 심각한 수준이며 경제의 '자연 자본'인 자연 자원의 토대를 침식하고 있다. 그리고 자연이 스스로 재생하거나 치유할 수 없을 정도로 많은 쓰레기를 만들어 내고 있다.

성장 위주의 경제학이 지구 생태계의 재생 능력을 벼랑 끝으로 몰아갔다는 증거를 찾기 위해 멀리 갈 필요는 없다. 20년 전 로마 클럽 보고서 『성장의 한계 *Limits to Growth*』▪가 제기한 문제는 오히려 걱정거리가 아니다. 재생 불가능한 자원이 당장 부족한 것은 아니기 때문이다. 현재의 소비 속도가 유지된다고 보았을 때, 구리·철·니켈 같은 자원은 아직 일 세기 정도 더 쓸 수 있을 만큼 충분하다. 그보다는 우리가 당연한 것으로 생각했던 기본적인 생명 유지 체계가 붕괴되고 있다는 사실에 주목해야 한다. 물의 순환, 대기의 구성, 쓰레기 분해와 양분의 순환, 작물의 가루받이,

생물종 사이에 이루어지는 미묘한 상호작용 등 이 모든 것이 위험에 처해 있다.

오늘날 우리들은 이같이 급격한 하락에 대해 많이 연구한다. 사막이 확장 중이며 숲은 벌목으로 사라지고 있다. 비옥한 토양은 침식과 탈염脫鹽으로 인해 황폐화되며 어족 자원은 고갈되고 과도하게 사용한 결과 지하수가 말라 가고 있다. 화석연료를 너무 많이 사용한 탓에 대기 중 이산화탄소 양도 꾸준히 증가하고 있다. 세계 상위권 기후 과학자 중에서 선발된 2천5백여 명의 과학자 모임인 '기후변화에 관한 정부 간 패널Intergovernmental Panel on Climate Change' 은 1995년 9월, 기후변화를 멈출 수는 없으며, 기후변화가 야기한 "경제, 사회, 환경 불안이 다음 세기에 광범위하게 퍼질 것"으로 결론지었다.

파충류와 영장류를 포함한 다양한 생물종의 극적인 개체 수 감소에 대해 기록한 '2000년도 멸종 위기종 목록' 을 통해 세계보존

■ 깊이 읽기

성장의 한계

1968년 결정된 로마클럽의 경제학자, 과학자, 기업인들이 발간한 보고서로 경제 성장이 환경에 미치는 부정적 영향을 주된 내용으로 한다.
인구 문제, 자본재 고갈, 식량 생산의 한계, 재생 불가능한 자원의 고갈, 환경오염의 가속으로 인해 앞으로 백 년 안에 성장의 한계에 도달할 것이라고 예견했다.

연맹(World Conservation Union, IUCN, http://www.iucn.org/)은 전 지구적으로 멸종 위기가 빨라지고 있다고 경고한다. 스위스에 근거지를 둔 세계보존연맹은 야생을 위협하는 주요 요인으로 서식지 감소, 인간의 남획, 외래종의 공격을 꼽는다. 서식지 감소는 위기종 조류의 89퍼센트, 포유류의 83퍼센트, 식물의 91퍼센트에 영향을 미치고 있다. 위기종 포유류와 조류 대부분은 저지低地와 산지의 열대우림에서 주로 발견되는데 이곳에 서식하는 조류 9백여 종 및 포유류 55퍼센트 이상이 위기에 처한 상태다. 최근 5백년간의 인간 활동으로 말미암아 멸종한 생물종은 816종이다. 과학자들은 4년마다 1종이 멸종하는 것을 정상적인 멸종률로 보는데, 오늘날의 멸종률이 자연 멸종률의 약 천여 배에서 만여 배라고 추산하기도 한다.[1]

미래를 훔치다

1950년 이후 전 지구적 경제 생산은 3조 8천억 달러에서 18조 9천억 달러로 다섯 배가량 증가했다. 우리는 이 짧은 기간 동안 인류가 역사상 사용했던 것보다 많은 자연 자본을 소비했다.

생태학자이자 경제학자인 윌리엄 리즈William Rees는 서구에 거주하는 평범한 사람들이 소비하는 것들을 생산하기 위해 필요한 토지는 10에이커 내지 14에이커(4헥타르 내지 6헥타르, 1에이커는 약 1224평에 해당한다. 옮긴이)라고 한다. 그러나 지구상에서 활용할 수 있는 생산적 토지는 일인당 4.25에이커(1.7헥타르)에 불과하다(총

토지÷인구). 리즈는 이 차이를 '수용 능력의 착복'이라고 부른다. 쉽게 말해 부유한 사람들이 가난한 사람들의 자원에 얹혀산다는 말이다.

가령 네덜란드는 국토 규모의 14배에 이르는 생산적 토지에서 산출되는 양을 소비한다. 대부분의 북반구 나라들과 남반구의 도시 지역 대부분은 이미 그들이 사용할 수 있는 정당한 몫 이상을 소비한다. 소비하기 위해서 이들은 다른 누군가의 자연 자산을 이용하는 무역에 의존하거나 자신의 자연 자본을 고갈시켜 버린다. 리즈에 따르면 그러한 지역들은 "기묘한 생태적 적자 상태에 빠진다. 특정 지역 사람들이 다른 지역이나 미래 세대의 수용 능력을 착복하는 것이다."[2]

경제성장이 인간 진보의 궁극적 희망이라는 믿음은 널리 퍼져 있다. 좌파든 우파든 경제학자라면 누구나 지구의 '수용 능력'이 무한히 확장 가능하다는 경제학의 핵심 교의를 신봉한다. 이들은 인간의 독창성과 기술이 결합된다면 지구상의 누구나 미국 중산층 수준의 생활을 영위하게 될 날이 온다고 믿는다. 그렇지 않을 것이라고 말하는 사람들의 의견을 무시한 채 앞으로도 계속 경제가 성장할 수 있다면 말이다.

불행히도 현실은 사뭇 다르다. 생태학자 로버트 아이레스 Robert Ayres는 다음과 같이 말했다. "정도를 벗어난 무역과 성장 정책을 바탕으로 하는 인간의 경제활동이 (공룡을 멸종시켰다고 알려진 거대한 소행성의 지구 충돌은 제외하고) 지구 역사상 발생했던 어떤 사건보다도 빠르고 큰 규모로 우리의 자연환경을 교란해 나가고 있다는 징후가 도처에 존재한다. 어쩌면 우리 스스로 자멸의 길을 택해서 걸어가고 있는지도 모른다."[3]

전 지구적 환경 몰락이 빠르게 진행되도록 부채질하는 하는 주범으로 세계화를 지목한 아이레스의 견해는 올바르다. 수출 위주의 성장과 제3세계의 부채는 대체 불가능한 지구의 자연 자원 소비 속도를 빨라지게 만드는 원인으로 작용해 왔다. 일부 환경 운동가들은 자연의 상품과 서비스인 일차 자원의 가격이 너무 저렴하다는 것도 문제지만, 재생 불가능하다는 일차 자원의 특성이나 이 자원을 추출해 내는 행위 이면에 감춰진 사회적, 생태적 비용이 가격에 반영되지 않는다는 현실도 문제라고 지적한다. 자원을 보존하려면 이 자원들을 더 비싸게 만들어야만 한다. 특히 목재, 설탕, 커피, 구리, 최근의 석유 등의 국제시장 원료 가격은 하락한 적이 없다는 점에서 이들의 주장이 틀린 것만은 아니다.

아시아가 금융 위기에 시달리는 사이 가격이 곤두박질쳤지만, 세계에서 생산되는 상품 대부분의 원료를 제공하는 남반구에서는 부채 때문에 낮은 가격을 받아들일 수밖에 없었다. 전 지구적 무역 공동체의 승인을 얻는 대가로 국제통화기금—세계은행이 부과한 '구조 조정' 정책은 가난한 국가들에게 그 무엇보다도 먼저 빚을 갚을 것을 요구했다. 남반구 국가들이 선택할 수 있는 것은 오직 세계 시장에 대한 원료 수출을 확대하는 일뿐이었다.

그리고 문제는 그 내부에 도사리고 있다. 모든 가난한 나라들이 동시에 수출을 늘리려고 했기 때문에 공급이 넘쳐났다. 이는 가격 하락을 불러와 가끔 절반까지 떨어지기도 했다. 결국 같은 액수의 외화를 벌어들이기 위해서는 두 배 이상의 원료를 수출해야만 했고, 부유한 나라들과 서구에 본사를 둔 기업들만 이득을 보았다. 이들은 빚을 회수했을 뿐 아니라 저렴한 상품으로 낮은 가격을 유지해서 이윤을 늘렸고 북반구 내의 인플레이션을 통제했다. 남반구 주민들과 지구 환경은 패배자가 되었다.

통제되지 않는 파괴

세계화 정책은 다른 방식으로도 환경을 압박한다. 환경주의자들이 지구에서 생태학적으로 가장 중요한 나라라고 생각하는 브라질의 경우를 생각해 보자. 브라질은 오랫동안 '세계의 허파'라고 생각되어 온 지구의 열대우림 중 30퍼센트를 아직도 간직하고 있는 나라다. 과학자들은 열대우림의 엄청난 생물학적 다양성을 이용해 생명을 구하는 귀중한 치료제를 개발할 수 있을 것이라고 믿고 있다.

1999년 브라질 정부는 국제통화기금의 강요에 따라 수백만 달러의 환경 관련 지출을 삭감했다. 브라질의 환경 보전 관련 예산은 19퍼센트 줄어들었다. 게다가 국제통화기금의 정책 때문에 침체된 국내 경기로 인해 실업이 증가하는 바람에 평범한 노동자들과 농부들은 생존을 위해 정글 지역을 자꾸 밀어낼 수밖에 없었다.

워싱턴에 근거지를 둔 국제보전단체 생명공학센터의 구스타보 폰세카Gustavo Fonseca는 환경주의자들의 걱정거리를 다음과 같이 요약했다. "우리가 현재 가장 걱정하는 일은 정부가 남벌을 통제해 보려고 시도할 권한을 잃어 가고 있다는 점이다. 우리가 브라질 안에서 성취하려고 노력해 왔던 일의 기반 자체가 훼손되기 때문이다."[4]

1997년에 붕괴하기 전에도 아시아는 '경제적 기적'을 이루기 위해 빠른 속도로 자연 자원을 고갈시켜 왔다. 원시 열대우림이 개간되고 강은 더러워졌다. 해안은 살충제로 오염되었고 어족 자원은 고갈되었다. 인도네시아 수도 자카르타에서는 수질 표본의 70퍼센트 이상이 '화학적 오염원에 의해 심하게 오염된 상태'인 것으로 밝혀졌다. 그사이 인도네시아의 삼림은 해마다 6백만 에이커(2백4십만 헥타르)씩 사라져 갔다. 말레이시아 보르네오 섬의 일부인 사라와크에서는 삼림의 30퍼센트가 불과 이십 년 만에 사라져 버렸고, 그 사이 말레이시아 반도에서는 정부에서 조사한 116개 강 중 73퍼센트가 '생물학적으로 죽었거나 죽어 가고 있는 것'으로 밝혀졌다.[5]

잘 알려진 국제 환경 단체인 '지구의 친구들(Friends of the Earth, FOE, www.foe.org)'은 최근 발간한 연구보고서 『국제통화기금—환경을 만만하게 보다IMF—Selling the Environment Short』에서 규제 철폐를 앞세운 자유 시장주의가 제3세계의 환경에 미친 영향을 다음과 같이 요약했다. "정부 지출을 줄이게 되면 정부는 환경법을 시행할 권한을 조금씩 잃어버리고 보존의 노력도 줄어들게 된다. 기업 활동을 증진시키기 위한 예산을 앞세움으로써 환경 보전 기관의 부담은 더 커진다."

빈곤이 지속되었다는 점도 환경 저하를 부추겼다. 절망적인 빈곤에 시달리는 사람은 훌륭한 생태 시민이 될 수 없다. 부족민들은 생존을 위해서 자신들이 의존하는 숲을 파괴하고, 가난한 아프리카 마을 사람들은 값나가는 상아나 동물 신체의 일부를 얻기 위해 동물을 밀렵하고 도륙한다.

우거진 숲으로 뒤덮여 있던 마다가스카르 섬은 지역 주민이 농작물 재배를 위해 정글을 벌채하고 태워 버리는 바람에 불모의 황무지로 변해 버렸다. 지구상 가장 철저한 환경 파괴가 이루어진 곳 중 하나가 된 것이다. 불과 몇 년 만에 토지는 잡목만 무성한 사막으로 변모했고 주민들은 벌채하고 태워 버리기를 반복했다. 마다가스카르에서 나무가 자라는 면적은 10분의 1도 채 안 되며 연간 5십만 에이커(2십만 헥타르)의 숲이 사라지고 있다. 문제의 핵심에는 빈곤이 자리 잡고 있다. 섬 주민의 70퍼센트인 천4백만 명이 하루 일 달러 미만의 돈으로 생활해 간다.[6]

세계화의 논리가 매력적인 이유는 원리가 단순하기 때문이다. 즉, 제약으로부터 자유로운 시장과 스스로 진화하는 시장의 역동성이 고용, 부, 번영을 가져다준다는 것이다. 그러나 신자유주의의 복음을 설파하는 사람들의 확신에도, 사람들이 신념을 잃어가고 있음을 보여 주는 분명한 징후가 존재한다.

무엇보다도 전 세계적으로 수천의 시민 사회 단체가 거리로 나서 이의를 제기하기 시작했다는 점에서 그 징후들을 피할 수는 없다. 1999년 세계 각국에서 5만 명도 넘는 사람들이 세계무역기구의 연례 회의가 열리는 시애틀에 모여들었다. 이들의 배경은 전례 없이 다양했다. 환경 운동가, 노동 운동가, 농민 단체, 학생, 일반 시민들이 통제 불능의 상태로 빠져드는 경제적 세계화라는 하나의 관심사로 단결한 것이다. 이후 2000년 4월, 만5천 명이나 되는 사람들이 국제통화기금과 세계은행의 춘계 회의가 열리는 워싱턴에 다시 모여 항의했다. 흥미로운 것은, 저항가들의 지적이 사실임을 입증하기라도 하듯, 연일 최고 가격을 갈아치우며 시장의 고공 행진을 주도했던 첨단 기술주의 거품이 꺼지면서 급매도의 물결이 전 지구의 주식시장을 휩쓸었고, 그 주 내내 주식시장이 곤두박질쳤다는 사실이다. 그리고 2000년 10월, 프라하에서 국제통화기금과 세계은행은 워싱턴에서 만났던 밀집한 저항 군중의 물결 속에 다시 빠져 버렸다.

합의의 균열

주류 집단 내부에서도 세계화에 대한 정밀한 검토를 시행하는 일이 늘어나는 추세다. 1990년대 후반 5년 동안 러시아, 아시아, 라틴아메리카가 겪은 금융 위기는 '워싱턴 컨센서스'에 깊은 균열을 가져왔다. 이는 브레턴우즈 기관들이 옹호해 주었고 서구 정부들이 뒷받침해 주었던 지배적인 견해였다. 이전에는 규제받지 않는 전 지구적 시장을 가장 군건히 지지하던 힘 있는 발언자들이 말문을 열기 시작했다.

이들 중에는 영향력 있는 하버드 경제학자 제프리 삭스도 포함되어 있었다. 국제통화기금의 자문을 맡았던 삭스는 소비에트연방 붕괴 직후의 러시아에 자본주의적 '충격 요법'을 도입했던 주요 인물 중 하나이며 경제적 세계화를 옹호하는 주도적 인물이었다. 아시아의 붕괴는 그로 하여금 자유 시장의 우월성에 대한 자신의 신념을 재검토하고 금융 위기가 발생한 국가에 제시되는 전통적인 해결책, 특히 국제통화기금의 역할에 의문을 가질 기회를 제공했다. 삭스는, "잘못된 진단, 잘못된 처방, 실패한 프로그램"이라는 말로 국제통화기금을 비판했다.

1997년 12월 『파이낸셜 타임즈Financial Times』에 실린 글에서 삭스는 국제통화기금을 "비밀이 많고 신뢰할 수 없는" 기관이라고 불렀다. 이 허심탄회한 글에서 그는 "워싱턴 19번지에 근무하는 겨우 천 명의 경제학자들이 14억의 인구가 거주하는 75개 개발도상국의 경제적 생활 조건을 좌지우지한다는 것은 이치에 닿지 않는다."고 언급했다.

다른 논자들도 발언하기 시작했다. 1999년 말 세계은행의 수석 경제학자 겸 부총재직을 떠났던 조셉 스티글리츠는 신자유주의적 세계관에 대한 공개적인 비판으로 많이 인용되는 '전前 내부 관계자'가 되었다. 그는 2000년 4월 출판된 『다국적 감시 Multinatiional Monitor』에서 다음과 같이 언급했다. "워싱턴 컨센서스의 경제 전략이 편협하다는 점도 부적절하지만 목표들이 지나치게 편협하다는 점 또한 잘못이다. 이들은 국내총생산 증대에만 초점을 맞출 뿐 생활수준이나 민주적이고 공정하며 지속 가능한 발전의 증진 같은 보다 너른 개념에는 관심이 없다."

'경제적 불안정성'이 확장되고 있다는 평가를 뒷받침이라도 하듯 국제통화기금의 2000년 『세계경제전망World Economic Outlook』은 세계가 과거 반세기 동안 눈부신 경제성장을 했지만, 세계 인구 5분의 1의 삶의 질은 상대적으로 볼 때 실질적으로 퇴보했고, 때로는 절대적 차원에서 퇴보한 경우도 있다고 기록했다. 플레밍 라슨Flemming Larson 국제통화기금 조사부국장은 경제가 성장하는 가운데 확산되는 빈곤을 "20세기의 가장 큰 경제적 실패"라고 언급했다.

국제연합개발계획의 1999년 『인간개발보고서』는 세계화의 부정적 측면에 대한 가장 설득력 있는 비판 중 하나다. "시장이 사회적, 정치적 결과물을 지나치게 지배할 경우 세계화를 통해 생기는 기회와 보상이 불평등하고 불공정하게 분배된다. 부와 권력이 특정 집단 · 국가 · 기업에 집중되며, 그 외의 사람들은 주변으로 밀려난다."

국제연합개발계획은 체계의 혜택을 받는 사람들과 나라들, 그리고 그 영향을 단순히 '수동적으로 수용' 할 수밖에 없는 사람들 사이에 발생한 '기괴하고 위험한 양극화' 라고 부른 인상적인 수치를 제시하며 분석 내용을 뒷받침하고 있다.

심지어는 경제적 세계화라는 용어 자체도 부적절하다. 1960년대에는 가장 부유한 나라에 거주하는 인구의 5분의 1의 소득은 가장 가난한 나라에 거주하는 인구의 5분의 1의 소득보다 서른 배 높았다. 1997년 이 소득 격차는 두 배 이상 벌어져 74대 1이 된다. 한 나라 안에서의 소득 불평등도 지난 이십 년 동안 증가해 왔다. 경제개발협력기구 회원국의 소득 불평등에 대한 국제연합의 또 다른 연구 결과에 따르면 1980년대의 경우 물가 상승률을 반영한 실질임금은 하락했고 소득 불평등은 독일과 이탈리아를 제외한 모든 경제개발협력기구 회원국에서 증가했다고 한다.

벌어지는 격차

미국의 경우 상위 10퍼센트의 가구 평균 소득은 지난 십 년 사이 16퍼센트 증가했다. 상위 5퍼센트의 소득은 23퍼센트 증가했으며, 상위 1퍼센트의 소득은 50퍼센트 뛰어올랐다. 이 같은 추세는 다른 곳에서도 비슷해서 라틴아메리카에서는 상위 10퍼센트의 소득이 전체 소득에서 차지하는 비중이 10퍼센트 상승한 반면 하위 10퍼센트의 소득은 15퍼센트 하락해 지난 십 년간 이룩한 보잘것없는 개선마저 반납하고 말았다. 소득 불평등은 또한 지난 십 년간 건전한 경제성장을 이루어 왔던 타이, 인도네시아, 중국, 기타 아시아 국가들에서도 증가하고 있는 추세다. 사하라 사막 이남 지역의 상황은 악화 일로를 걷고 있다. 국제통화기금과 세계은행의 구조 조정을 수용한 지 이십 년이 지난 오늘날 이 지역의 소득 불평등은 증가하는 동시에 일인당 평균 소득은 하락하고 있다. 현재 일인당 평균 소득은 1970년대보다도 낮다.

부와 소득이 하위 집단에서 상위 집단으로 이전되는 현상은 세계화가 가져온 필연적인 결과 중 하나다. '경쟁력'을 갖추기 위해서 정부는 세금을 감면해 주고, 임금보다는 이윤을 선호하는 정책을 채택한다. 이를 뒷받침하는 경제적 논거는 간단하다. 더 많은 돈을 기업과 (더 많은 소득을 얻는 사람이 더 많이 절세할 수 있으므로 감세의 혜택을 누리는 집단인) 부유한 개인들의 주머니 속에 넣어 주면 더 많은 투자, 고용 창출, 경제성장이 이루어져 모두에게 좋은 시절이 온다는 것이다.

불행하게도 부자들을 위해 감세가 이루어지고 부자가 아닌 우리들의 임금은 하락한 결과로 공공의 복리가 개선되었다는 증거는 어디에서도 찾아볼 수 없다. 만일 감세가 소득의 사다리 밑바닥에 위치한 집단을 겨냥했다면, 감세로 절약된 돈은 기본적인 필요를 충족시키기 위해 사용되었을 것이기 때문에 적게나마 사회적 효과가 나타났을 것이다. 하지만 그건 세계화의 행동 방침에 어울리지 않는다. '감세와 적자 해소' 주문을 건 나라라면 어디서나 감세의 혜택 대부분이 부유한 기업과 개인에게 돌아갔다. 이 돈이 어떻게 되었을지는 쉽게 예측할 수 있다. 돈의 일부는 방콕에서 로스앤젤레스에 이르는 도시의 엘리트들 사이에서 유행하는 고가의 사치품을 사들이는 데 사용되지만, 대부분은 주식시장으로 유입되거나 그 외의 비생산적인 투기 행위에 사용된다.

특히 통화나 파생 상품을 걸고 도박판을 벌여 두 자릿수의 이득을 볼 수 있는 현실에서, 장기 투자에 따른 얼마 안 되는 이윤에 만족하는 투자자는 있을 수 없다. 자본이 사회적으로 유용한 부문에 투자되지 않고 다른 곳으로 흩어지는 일은 '도박판 경제'와 미국 및 유럽의 첨단 기술주 거품을 자극하는 주요 요인 중 하나이다. 그와 더불어, '과잉 생산' 때문에 제조업 부문에 투자 기회가 줄어들고 있다. 너무 많은 상품이 몇 안 되는 구매자들의 뒤를

점점 더 벌어지는 세계의 격차

전 지구적 성장과 일인당 소득은 꾸준히 증가해 왔지만 부유한 나라와 가난한 나라 사이에, 그리고 한 나라 안에서 부자와 가난한 사람 사이에 존재하는 격차는 벌어지고 있다.

시간에 따른 전 지구적 소득의 몫

년도	상위 20퍼센트	하위 20퍼센트	상위·하위국 비
1960	70.2	2.3	30:1
1970	73.9	2.3	32:1
1980	76.3	1.7	45:1
1989	82.7	1.4	59:1
1997	90.0	1.0	74:1

▶ 1960년 세계 인구 중 부유한 5분의 1이 벌어들인 돈은 전 지구 소득의 70퍼센트를 차지하고 있어, 하위 20퍼센트가 차지하는 2.3퍼센트와 대비된다. 1989년 상위 20퍼센트의 몫은 82.7퍼센트까지 증가했고 하위 5분의 1이 전 지구적 소득에서 차지하는 몫은 2.3퍼센트에서 1.4퍼센트로 하락했다.

▶ 브라질에서는 부유한 상위 20퍼센트가 가난한 하위 20퍼센트보다 28배나 많은 소득을 올린다. 1977년에서 1989년 미국의 상위 1퍼센트의 실질 소득 평균은 78퍼센트 증가한 반면, 가난한 20퍼센트는 10.4퍼센트의 소득 하락을 경험했다.

▶출처—*Human Development Report*, UN Development Program(Oxford University Press, 1992)
When Corporations Rule the World, David C Korten(Kumarian Press, 1995)에서 인용.

따라다니는 것이다.(5장 '전 지구적 도박판' 참고) 새로운 기술이 노동자를 컴퓨터로 작동되는 로봇과 자동화된 생산 라인으로 대체해 버렸기 때문에, 공장에서 대량생산된 물건들을 실제로 구매할 수 있는 사람은 소수에 불과하게 된다. 다른 곳에 더 저렴한 노동력이 존재하기 때문에 공장에 남은 노동자들의 임금도 꾸준한 하락 압력에 시달린다. '경쟁력'을 갖추려고 시작한 일이 바닥을 향해 내려가는 경주로 끝난다. 일자리를 잃지 않은 노동자라고 해도 자신들의 임금이 줄어들었다는 사실을 깨닫게 된다.

국제연합개발계획의 '인간개발' 순위 상위권에 위치한 캐나다의 최근 연구 결과는 실질 가처분 소득 평균이 1989년에서 1999년 사이에 3퍼센트 하락했음을 보여 주었다. 이 시기는 과감한 정부 지출 삭감, 감세, 상대적으로 높은 국내 금리 등의 신자유주의적 경제정책이 펼쳐졌던 기간과 정확히 일치했다.

"가족 구성원들이 노동자로 일하면서 동일 수준의 소득을 얻기 위해서는 이제 더 오랜 기간, 더 많은 시간을 노동해야만 했다. 기술적인 진보가 여가 시간이 많은 풍요로운 사회를 만들어 준다는 생각은 씁쓸한 농담이 되어 버렸다."고, '정책 대안을 찾는 캐나다 센터Canadian Center for Policy Alternatives'에서 발간한 보고서는 결론을 내렸다.

우려스러운 경고 신호에도 불구하고 신자유주의자들은 자신들의 신념을 쉽게 버리지 못한다. 이들은 "민간 부문에 자원을 부여하면 일자리가 되어 돌아올 것"이라고 말한다. 그러나 증거를 찾기란 여간 어려운 일이 아니다. 통화 시장으로 흘러들어 가지 못한 잉여 자본은 해외의 세금 도피처tax havens로 곧바로 직행하기 때문이다. 부유한 개인과 전 지구를 분주히 돌아다니는 다국적기업은 지난 수십 년간 자신들의 현금을 비밀리에 세금 피난처로 옮겨 보관해 왔다.

약 70여 개의 세금 피난처가 세계 각지에 흩어져 있다. 이 같은 '해외 금융 센터offshore financial center' 로는 바하마 제도, 케이맨 제도, 라이베리아, 버뮤다 같은 지역을 꼽을 수 있다. 누구도 그 돈에 대해 묻지 않기 때문에 투자자들은 자신의 부를 은밀하게 보관할 수 있고 따라서 돈을 벌어들인 나라에서 부과하는 모든 사회적 책임을 피해갈 수 있다. 세금 도피처 중 은행에 영향력을 행사할 수 있는 공시법을 시행하는 곳은 일부에 불과하다.

최근 『이코노미스트』는 세금 피난처에 머무는 세계 인구의 1.2 퍼센트가 전 지구의 국내총생산의 3퍼센트를 산출한다고 평가했다. 세금 피난처를 제공하는 나라들이 전 세계 금융 자산의 26퍼센트, 미국 다국적기업 이윤의 30퍼센트 이상을 차지한다. 이러한 수치는 기업의 세계에서 세금 피난처가 얼마나 중요한 역할을 수행하는가를 명확히 알려 준다. 그러나 이러한 사실은 또한 감세와 기업 규제 제거를 전제로 하는 경제정책을 지지하는 사람들의 논리에 결함이 있음을 강조해 준다. 기업은 세금 납부를 피할 수만 있다면 무슨 짓이든 할 것이다. 민간 기업은 주주들이 투자한 돈을 최대한 극대화해서 다시 그들에게 돌려주기 위해 존재한다. 이 목적을 달성하지 못할 경우 기업의 생존 자체가 위협받는다.

기업의 세계관과 그보다 너른 공공의 이해관계 사이에 존재하는 긴장은 오늘날 세금 피난처에 대한 강도 높은 면밀한 조사가 이루어지도록 만든 원인 중 하나다. 경제협력개발기구와 유럽연합 회원국들은 세금 피난처가 국가 재정을 고갈시키는 주범이며 불법 자금을 편리하게 '세탁하는' 장소라는 것을 오래 전부터 알고 있었다. 5천억 달러에 달하는 마약 거래 관련 자금이 해마다 세금 피난처를 거쳐 가는 것으로 추정된다. 게다가 최근 등장한 전자 상거래가 전 지구적 금융 자유화에 이용되면서 더 많은 부와 이윤을 세금 자유 구역으로 흘러들어 가도록 만드는 기폭제로 작용하지는 않을지 우려하는 목소리가 많다.[7]

주식시장의 인기 상승과 전자 상거래 혁명이 닷컴 백만장자를 양산하는 동안 우리 모두의 삶의 버팀목이 되어 주는 사회구조는 계속 해체되어 간다. 이것이 '시장 질서'로 인해 인간이 치르는 보이지 않는 희생이며, 이는 아프리카나 라틴아메리카의 나라들의 딜레마이자 유럽 사회민주주의의 딜레마이기도 하다.

선진국에서 살아가는 우리 모두는 공공 서비스와 사회적 급부가 점진적으로 축소되어 왔다는 사실의 산증인이다. 이 현상은 국제시장의 요구에 밀려 적자를 통제하려는 과정에서 생겨난 것이다. 기업의 이윤이 상승하고 실질 임금은 정체되는 사이 우리를 하나로 묶어 주던 접착제는 그 점성을 잃어버렸다. 우리는 '공공재' 마련을 위해 지출할 돈이 충분하지 않다는 말을 듣는다. 고작 몇 백 달러의 세금 감면과 교환하기 위해 우리 아이들을 위한 학교를 희생하고, 공동체가 이용하는 공원이나 여가 시설에 대한 정부 지원을 감축하고, 공공 운송 체계의 원활한 운영을 방해하고, 보건 의료 체계를 약화시킨다.

서구 유럽, 캐나다, 오스트레일리아, 뉴질랜드에서 국가가 후퇴하면서 사사롭고 이윤 지향적인 사업에 길을 터주는 사이, 공공 교육과 보건 의료 체계는 반복되는 예산 삭감에 직면했다. 복지와 실업 수당은 대상자의 범위를 축소함으로써 '합리화되었다'. 노인들과 은퇴 연령에 가까운 사람들은 정부가 점점 더 기금에 집착하면서 과거에 약속받았던 연금이 증발해 버리는 현실에 공포를 느꼈다. 개인들은 자신들이 가진 저축 전부를 필사적으로 그러모아서 주식시장으로 향했다. 이들은 파이낸셜타임즈 지수(Financial Times Stock Exchange, FTSE), 나스닥, 다우존스의 뒤를 따라다니며 구세대가 누렸던 안정에 편승할 수 있기를 바랐다. 예술, 환경보호와 관련된 정부 기금 또한 점진적으로 사라져갔다. 이 같은 '공공재' 방어의 실패로 인해 우리 모두의 인간적 품위는 손상되었고, 서로를 돌볼 역량이 줄어들었으며, 밀접한 상호작용을 통해 서로 지원해 주는 공동체로서 함께 전진할 수 없게 되었다.

세계화는 또한 여전히 가난한 사람들이 구조 조정의 대가를 가장 많이 치르고 있는 남반구 국가의 발전을 좌절시켰다. 수출 진흥과 지속적인 부채 상환 의무 이행을 위해 개발도상국들은 보건 의료, 교육, 소규모 자영농 지원 등에 사용되던 지출의 방향을 돌려야만 했다. 수없이 많은 연구들이 구조 조정의 사회적 충격을 상세히 기술하고 있는데, 모든 연구가 가장 가진 것이 적은 사람들이 가장 많이 고통 받았다는 엇비슷한 결론에 도달했다는 점은 매우 안타까운 일이다.

최근 브라질에서 발생한 사건이 전형적인 사례다. 1998년 브라질 경제가 위기에 빠지면서 기울었을 때 국제통화기금은 브라질의 거대 정부에게 예산의 5분의 1 정도를 삭감할 것을 강요했다. 8백만 명 이상의 브라질 빈곤 계층이 정부에서 지원하는 콩, 쌀, 설탕 등을 배급받아 겨우 생존을 이어가고 있었지만 정부는 식량 지원 관련 예산의 반 이상을 줄일 수밖에 없었다. 동시에 학교 점심 급식 지원금도 35퍼센트 삭감되었다. 라틴아메리카에서 가장 중요한 사회문제 중 하나인 토지 개혁을 위한 예산도 1999년 43퍼센트 줄어들었다.

인도의 자유화

1992년 인도 정부는 경제 자유화 및 외국인 투자자들에 대한 문호 개방을 선전하고 나섰다. 그 후 인도에서는 경제 자유화를 반대하는 목소리가 꾸준히 높아져 왔다. 1997년 갤럽 조사를 통해 인도인 세 명 중 두 명은 세계화를 받아들인 이후 자신들의 삶의 기준이 하락했거나 지체된 상태라고 생각하고 있음이 밝혀졌다. 농민들이 저렴한 농산물 수입으로 인해 국내 생산자들이 사라져 버릴지도 모른다고 우려하는 가운데 전국적인 시위가 터져 나왔다. 수백의 풀뿌리 조직을 연합해 영향력을 키운 2대 연대 조직이 저항을 확산시키고 있다. 하나는 2백여 시민 단체가 모여 1993년 결성한 '민중운동국민동맹National Aliiance of People' s

Movements'이고 다른 하나는 인도의 세계무역기구 탈퇴를 요구하는 '세계화에 반대하는 인도연대포럼(Joint Forum of Indian People Against Globalization, JAFIP)'이다. 50여 농민 단체가 모여 1998년 결성했다.[8]

가혹한 시장 개혁이 초래한 고통과 혼란의 길고도 긴 기록은 개발도상국 전역에서 되풀이되었다. 1999년 워싱턴에 근거지를 둔 정책 대안 마련을 위한 연구 집단과 지구의 친구들이 공동으로 수행한 연구는 가난한 5개국이 입은 피해의 참상을 확인했다.

이십 년간 국제통화기금 프로그램에 시달려 왔던 세네갈에서는 '교육과 보건 의료의 질이 저하되고' 더불어 '모성 사망, 실업, 아동노동'이 증가했다고 보고서는 기록했다. 탄자니아의 경우 세계화는 농업의 방향을 수출 위주로 바꾸는 데 성공했지만 더불어 '농촌 빈곤도 확대시켰다'고 보고서는 기록했다. 식량 안정성이 하락했고 주거 조건이 악화되었으며 영양실조와 영아사망률이 상승하면서 초등학교 입학생 수는 감소되었다.

보고서는 세계화가 멕시코에 '경제 침체'를 가져왔다고 기록했다. 수백만의 농부들이 더 이상 농업에 종사할 수 없게 되었고 수천의 소규모 자영업자들은 파산했고 그 과정에서 '과감한 일자리 감축과 임금 삭감이 발생'했다. 1980년대에 니카라과는 미국의 간섭으로 산디니스타 온건 좌파 정부가 불안정해졌고, 이 틈을 타 국제통화기금이 개입하면서 빈곤이 한층 심화되었다. 금융 부문의 규제 철폐는 자본을 끌어들였지만 '소규모의 국내 자영농이나 제조업에 대한 생산적 투자를 하지 않는, 고금리를 노린 단기

자금' 일 뿐이었다. 헝가리에게 국제통화기금은 자유무역 도입, 화폐 공급 축소, 국가 자산의 신속한 민영화를 조언했다. 그러나 연구는 이 정책이 교육, 사회 서비스 재정을 빼내서 부유한 주식 소유자들의 주머니에 넣어 주는 일에 불과하다는 것을 밝혀냈다.

그러나 경제개혁을 위한 통상적 처방의 해악이 가장 큰 위력을 떨친 곳은 러시아였다. 수십억의 서구의 원조와 보조성 융자, 부채상환계획 재조정 등에 힘입은 계획은 러시아를 하룻밤 사이에 자본주의적 성공 사례로 변모시킬 것만 같았다. 하지만 '충격 요법'은 러시아 경제를 부패의 광풍에 휘말리게 했을 뿐이다. 민영화된 국가 자산은 결국 권력을 쥔 내부자 몇 명(이들 대부분은 과거 공산주의적 정부 기구를 운영하던 자들이다.)의 수중에 떨어진 반면 평범한 러시아 사람들은 어마어마한 빚을 떠안게 되었다. 이때 러시아를 떠나 다시는 돌아오지 않은 자금이 무려 천5백억 달러에 이른다.

러시아의 빈곤

소비에트연방 시절 존재하던 가격 통제와 보장된 일자리가 사라지자 평균적인 러시아 사람들은 일찍이 겪어 본 적이 없는 빈곤을 견뎌야만 했다. 현재 러시아인의 70퍼센트는 빈곤선 이하에서 생활하는 반면, 자본 투자는 1990년 이루어졌던 투자와 비교했을 때 고작 10퍼센트에 불과한 것으로 평가된다. 러시아는 평화기의 생활수준 하락으로는 가장 가파른 하락을 기록했다. 국제연합에 따르면 1989년에서 1996년 사이 불평등은 두 배 증가했다. 소득에서 최상위 부자의 20퍼센트가 차지하는 비중은 가장 빈곤한 20퍼센트에 비해 열한 배였다. 러시아 경제는 거의 물물교환 경제 수준으로 되돌아갔고, 그 사이 남성 기대 수명은 65세에서 60세로 짧아졌으며(이는 개발도상국 평균보다도 2년 짧은 것이다.) 다섯 살 미만 아동 사망률은 신생아 천 명당 25명으로 치솟았는데, 이는 리비아나 베네수엘라와 같은 수치다.[9]

경제적 세계화의 손길이 닿은 나라라면 어느 곳이든 비용의 많은 부분을 여성이 부담하는 경향을 보인다. 구조 조정에 대해 어느 여성주의자는 여성이 매우 다양한 방식으로 경제개혁의 '충격 흡수자'가 되었다고 비판했다. 가령, 제대로 된 고용 기회가 사라지면서 여성은 '비공식적인' 일자리를 강요당했다. 남성이 지배하는 영역이라고 생각하겠지만, 실제로는 여성이 수출 작물을 키워 냈다. 소녀들은 더 이상 교육받을 수 없었다. 사망률은 높아지고 여성의 건강은 악화되었다. 가정 폭력에 시달리고 스트레스를 받는 사례가 늘어났다. 가정 내외부에서 전반적으로 여성의 노동 부담이 높아졌다.[10]

대부분의 사회에서 여성은 돌봄의 역할을 수행하기 때문에, 사회적 안전망이 파괴되어 산산조각나면 그 조각들을 주워 모으는 것은 대개 여성의 몫이다. 1997년 짐바브웨의 연구는 15년간의 경제개혁이 남아프리카 나라의 여성들에게 파괴적인 영향을 주었음을 밝혀냈다. 수업료가 오르자 소녀들이 제일 먼저 학교를 그만두었다. 보건 의료 지출 중 3분의 1이 줄어들자 아이를 낳다가 사망하는 여성이 두 배 증가했다. 남성 가장들이 해고되자 여성들은 상실한 소득의 보충을 위해 할 수 있는 모든 일을 했다. 그들은 맥주를 빚거나 매춘부가 되거나 거리의 봇짐장수가 되었다. 이는 정부가 교육, 보건 의료, 여타 사회 프로그램을 삭감할 때 이를 보충해 내는 것이 여성이라는 것을 보여 준다.[11]

성장의 대가치고는 너무 가혹한 것은 아닐까? 세계화의 희생자들이 몇 배로 늘어날수록 세계경제의 밑바닥을 경험하기 시작하는 사람들도 늘어만 간다. 시민, 평범한 노동자, 학생, 여성, 소농민, 환경 운동가들은 자기들에게 피해만 입히고 공정하지도 않은 경제 체계를 강력히 반대하기 시작했다.

'화폐 경제'의 제한적 요구에 따라 움직이는 전 지구적 단일 문화 대신에 형평성과 지속 가능성을 요구하는 움직임이 되살아나고 있다. 칠레에서 중국에 이르는 시민 사회 단체들은 국가와 공동체의 권리를 함부로 취급하는, 규제가 철폐된 세계화 대신에 근본적인 재편을 요구하고 있다. 그 목표는 지금보다는 더 인간의 요구 및 열망과 결부된 경제체제, 기업 주도의 자유 시장이라는 반인간적 음모와는 연을 끊은 경제체제를 만드는 것이다. 어떻게 그런 목표에 도달할 수 있을지 다음 장에서 살펴보자.

7

전 지구적 경제의 재설계

국제통화기금을 혁신하여 시민 참여를 증진시키자

전 지구적 금융기관 설립

지구를 존중하자

국제금융 거래에 '토빈세'를 도입하여 투기를 막자

공공선을 위한 자본 통제

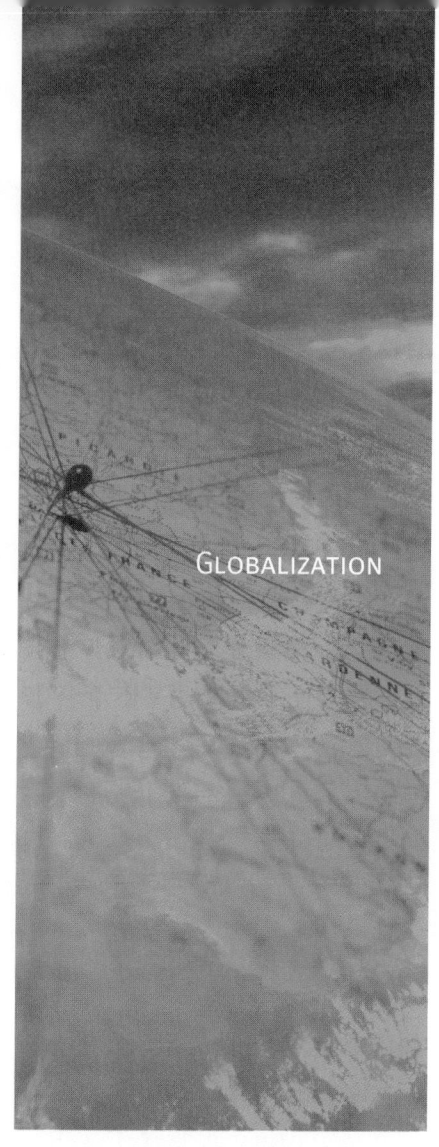

GLOBALIZATION

지구 경제를 정의롭게 재편하는 길은 무엇인가?
우리 지구의 자연 자본을 건강하게 만드는 데는 어
떤 정치 개혁과 경제 개혁이 필요한가?

전 지구적 경제의 재설계

각국 정부들이 각자의 발전 전략과 정책을 직접 통제할 능력을 상실하면서, 세계화에 따른 전 세계적 불평등과 빈곤이 증가하고 있다. 민주적 통제를 부활시킬 정치적 해결책이 북반구와 남반구 모두에 필요하다. 그러나 정치 개혁은 아울러 구조 개혁이라는 특정한 절차를 거쳐야 한다. 우리는 이 두 가지를 결합시켜, 경제 정책의 중심에 고용과 인권이 의미 있는 것으로 자리 잡도록 만들고 지역적 통제와 의사 결정을 증진시키며 생태적 건전성과 우리 지구의 자연 자본을 회복시켜야 한다.

앞선 여섯 개의 장에서는 전 지구적 경제의 역사와 당면한 현실에 대해 포괄적이고 개략적으로 기술했다. 우리는 기업이 주도한 세계화가 탐욕과 경제적 효율성이라는 개념이 몰고 다니는 저거너트(모든 것을 파괴하는 불가항력의 힘. 옮긴이) 같다는 사실을 보여 주려고 노력해 왔다. 이는 사회관계를 급격하게 변형하며 엄청난 수의 사람들을 가난의 구렁텅이에 빠뜨렸으며, 유구한 역사를 지닌 특유의 문화를 사라지게 했고, 지구 환경의 건전성을 위협하고 있다.

세계화는 강력할 뿐 아니라 그 뒤에는 엄청난 배후 세력이 도

사리고 있다는 것이 확실하다. 그렇다고 세계화가 불가피한 것만은 아니다. 전 지구적 차원의 생산 및 분배 양상을 결정하는 경제 체계와 경제구조는 인간이 창조한 것이고 세계경제의 작동을 통제하는 규정을 정하는 기관들 또한 인간이 창조한 것이기 때문이다. 최소한 이론상으로는 모든 시민의 이해관계를 대변하라고 우리가 선출한 정부 역시 우리와 똑같은 인간에 불과하다. 변화는 가능하고 또한 불가피하다.

세계화의 위기는 민주주의와 인류 발전이라는 중요한 사안으로 눈을 돌릴 절호의 기회다. 세계화의 위기는 전 세계 민중들의 운동에 숨결을 불어넣었고, 변화를 요구하는 이들의 우렁찬 목소리는 소비자, 환경 운동가, 노조 활동가, 여성, 종교 활동가, 농민, 인권 운동가는 물론 일반 시민들로부터도 관심과 지지를 더 많이 이끌어내고 있다. 마침내 권력자들도 여기에 관심을 기울이게 되었을 정도다.

1999년 말 뉴질랜드에서 열린 아시아태평양경제협력기구(Asia Pacific Economic Cooperation, APEC) 회의에서 샤를린 바셰프스키 Charlene Barshefsky 미국 측 협상 대표는 "대중의 지지를 받지 못한다."는 것이야말로 세계화를 위협하는 가장 무서운 요소임을 넌지시 인정한 바 있다. 물론 맞는 말이다. 전 지구적 경제를 바닥부터 다시 생각해야 한다고 주장하는 시민운동이 전 세계에 걸쳐 전개되고 있으며, 이 운동은 날마다 힘을 더하고 있다. 또한 이 운동은 다음과 같은 누구나 인정할 수 있고 흔들 수 없는 하나의 진리를 전제한다. 그 진리란, 국가들이 확신을 가지고 자국 국민들의 이익에 봉사하도록 만들 방법은 인간이 경제 활동의 중심에 서서 통제권을 행사할 수 있는 체계를 만드는 길뿐이라는 사실이다.

마지막 장에서는 이 목표를 향해 나아갈 구체적인 방향을 제시해 보려고 했다. 전 세계 여러 나라의 수많은 사람들이 방법을 찾기 위해 애쓰고 있다. 다음에 소개될 내용은 이들의 통찰력과 영감에서 비롯한 것이다.

1. 국제통화기금을 혁신하여 시민 참여를 증진시키자

던컨 그린Duncan Green
영국 가톨릭 구호 단체인 '해외 개발을 지원하는 가톨릭기구(Catholic Agency for Overseas Development, CAFOD, http://www.cafod.org.uk/)의 정책 분석가로 활동하고 있다.

관료, 은행가, 주류 경제학자들이 전 지구적 금융 체계를 운영하고 있다. 그들이 내린 결정은 평범한 사람들의 삶에 엄청난 충격을 주고 있지만, 그런 결정에 이들의 의견이 반영된 적은 한 번도 없다. 전 지구적 무역과 투자 정책을 결정하는 기관은 의사 결정에 있어 시민사회의 의견과 시각을 반영할 의무가 있다. 국제통화기금은 반세기의 역사를 지닌 기관이지만 그 긴 시간 동안 시장보다 인간을 앞세워 고려하는 법을 전혀 배우지 못했다. 던컨 그린은 이미 오래 전에 변화했어야 했다고 주장한다.

국제통화기금 연례 회의는 무슨 사교邪敎의 숭배 의식 같기도 하고 미인 대회 같기도 한 아주 유별난 행사라고 할 수 있다. 자,

워싱턴 메리어트 호텔 어두운 세미나실에서 이 미인 대회가 열리고 있다. 제3세계 관료들이 차례로 연단에 올라 청중 노릇을 하는 은행가와 펀드매니저 앞에서 이야기한다. "현재 개혁이 진행 중이고, 우리는 지속적으로 개혁을 추진할 정치적인 의지도 가지고 있습니다. 인플레이션은 낮아지고 있고 은행에 대해서도 전면적인 조사에 착수한 상태입니다." 바로 이것이 '시장의 신뢰'라는 그 정체 모를 괴물을 찾아가는 과정이다. 이처럼 공공연하게 이루어지는 시장에 대한 충성 맹세를 통해 관료들은 투자자들을 거듭 확신시키고 과거 1990년대 후반 아시아, 라틴아메리카, 동유럽 경제에 일어났던 재앙에 가까운 자본의 국외 유출을 막아 보려고 한다.

숭배 의식은 크게 자유 시장이라는 주문, 즉 "대외 무역과 초국적 기업에 힘을 주어라, 속박을 풀어 주고 민영화하라."를 반복해서 외우는 의식과 숭배 대상의 적수인 보호주의, 정부 개입, 자본 통제를 저주하는 의식으로 이루어진다. 한국에 관련된 어떤 세미나에서 한 투자 은행가는 정부에게 '계약의 신성함을 존중하라'고 요구함으로써 이 같은 준종교적 분위기를 한층 더했다. 검은색 양복과 단정히 다듬은 머리 모양으로 통일한 대표단은 한 무리의 사교 숭배 의식의 추종자처럼 보인다. 한 주간의 집단 세뇌가 끝나면, 이들 수천 명은 확신에 찬 숭배자로 거듭나서 다시 워싱턴의 끈끈한 대기 속에 모습을 드러낸다. 그러고는 그들만의 지구를 가로질러 뿔뿔이 흩어져서는, 시장을 향한 긴 행렬로 자기들 나라 사람들을 인도하는 본연의 임무로 돌아가는 것이다.

국제통화기금의 현재에 대한 지루한 이야기를 하고 있노라면 국제통화기금도 나름의 비전을 가지고 탄생했다는 점을 잊어버리기 쉬운데, 사실 국제통화기금은 대불황과 제2차 세계대전으로 인한 파괴를 딛고 전 지구의 경제적 안정성을 보증하는 새로운 체계의 창조를 목표로 탄생했다. 당초의 구상에서는 국제통화기금이 '국제무역의 확장과 균형 발전을 촉진하고 그럼으로써 높은 고용 수준과 높은 실질 임금 수준을 장려하고 유지' 하는 역할을 수행할 것으로 기대했다. 국제통화기금은 타국과의 교역에서 경쟁력을 확보하기 위해 자국 통화를 평가절하하는 1930년대의 혼란상을 멈추려는 목적으로 고안된 고정환율제를 감독할 예정이었다. 국제통화기금은 각국 통화들 사이의 교환 가능성을 증진함으로써 세계 무역을 장려하고, 단기적 현금 흐름에 문제를 겪는 나라들에 긴급 자금을 지원해 주는 '최종 대부자' 노릇도 할 예정이었다.

25년간 국제통화기금이 완벽하게 작동하면서 세계경제에는 호황이 들었다. 하지만 곧 체계가 무너지면서 '불확실성의 시대' 가 시작되었다. 미친 듯이 요동치는 환율, 통제되지 않는 자본 흐름의 규모 증가, 지역적 금융 불안정이 이 시대의 특징이었다. 환율 통제라는 역할을 상실한 국제통화기금은 제3세계로 눈을 돌려 개발도상국 경제에서 시장의 역할을 증진시킬 목적으로 고안된 대출 시행에 점점 더 집중했다.

오늘날 국제통화기금은 자유 시장이라는 만병통치약을 진심으로 신뢰한다. 국제통화기금은 가장 가난한 나라들에게 채무를 경감해 주는 대가로 이 만병통치약을 복용하라고 강요했다. 최근 통화 시장의 목표물이 되어 통화가치가 파괴되는 바람에 붕괴를 경험한 한국이나 브라질 같이 중간 정도의 수입이 있는 나라들에게는 국제적 '구제 프로그램'을 제공하면서 국제통화기금은 그 대가로 긴축 재정, 민영화, 구조 조정 등을 조건으로 내걸었다. 국제통화기금은 이러한 일을 계기로 제3세계 나라들을 **영미식 자본주의** Anglo-Saxon capitalism에 입각한 경제체제로 전환시키려고 했다. 1998년 한국에서

• **영미식 자본주의**—단기적인 순익의 극대화와 주가 상승을 최우선시하는 자본주의 체제를 일컫는다. 주식 가격을 통해 경영을 감시하는 시스템. 옮긴이.

는 해고 노동자들이 국제통화기금(IMF)을 '나 짤렸어(IMFired)'의 약자라고 비꼰 현수막을 들고 시위하기도 했고, 가격을 낮춘 'IMF 메뉴'가 유행하기도 했다.

1997년에서 1998년 사이에 발생한 아시아의 붕괴는 국제통화기금이 자가당착에 빠지는 계기가 되었다. 국제통화기금의 전문가들은 붕괴를 예견하지 못했을 뿐 아니라, 대폭적인 공공 지출이 더 적절했던 시기에 긴축 재정을 강요하는 심각한 실수를 저질렀음을 시인하기에 이른 것이다. 공공연한 망신에 국제통화기금은 이전에 가졌던 무한한 자신감에 상처를 입었다. 하지만 아시아의 붕괴에 따른 '전 지구적 금융 구조' 개혁은 국제통화기금의 영향력을 이전의 그 어느 때보다 널리 퍼뜨렸다.

그러면 이 화려한 실패를 빌미로 국제통화기금을 폐지해야 할까? 그건 아닌 것 같다. 그럴 만한 이유를 몇 가지 제시해 보면,

첫째로 현재의 국제적 권력 균형을 감안할 때 국제통화기금의 폐지는 정치적으로 불가능하다는 점이다. 두 번째로 전 지구적 자본 시장의 세계에서는 강대국들의 야망을 견제하기 위해 규범에 바탕을 둔 국제기구가 필요하다는 것이다. 만약 지금 국제통화기금이 없다면, 그걸 새로 만들어야 할 판이다.

그러면 대안은 무엇인가? 부유한 사람들을 옹호하는 대신 빈곤한 사람들을 위하는 조직으로 국제통화기금을 변모시킬 수는 없을까? 인플레이션에 그만 집착하고 완전고용과 안정성을 위해 일한다는 원래의 임무로 복귀하도록 만들 수는 없을까? 빈곤을 쓸어버리고 사회적, 경제적 불평등을 줄이는 일에 집중하도록 만들수는 없을까?

1999년 연례 회의에서 국제통화기금은 처음으로 빈곤을 줄이기 위해 노력한다고 약속했다. 하지만 국제통화기금이 진정한 '빈민 친화적' 기관이 되려면 현재의 활동 영역 대부분에 있어 심대한 변화가 필요했으므로, 비판가들은 이 말의 진정한 의미가 무엇인지 궁금하게 여겼다.

국제통화기금은 텅 빈 공간에 그냥 존재하는 것이 아니다. 각국 정부는 국제통화기금에 분담금을 내고 그 대신 '일 달러' 당 '한 표' 원칙에 입각한 의결권을 얻는다. '한 국가당 한 표'가 부여되는 국제연합의 의결권 체계와는 다른 방식이다. 그 결과 이런저런 국제연합기구들에서 선진국들이 가지는 의결권은 17퍼센트인 반면, 국제통화기금과 세계은행에서는 이들이 가진 의결권은 전체 의결권의 60퍼센트를 넘게 되었다.

최대 수혜국은 미국이었다. 미국은 단일 국가로는 가장 많은 의결권을 보유했기 때문에 국제통화기금의 주요 결정에 대해 실질적인 거부권을 행사해 왔다. 최대 의결권 보유국이라는 점과 국제통화기금이 워싱턴에 위치한다는 점 덕분에 미국은 국제통화기금을 이용해 자국의 국제 정책을 추진할 수 있을 정도로 막강한 권력을 얻을 수 있었다.

가령 1997년 12월 한국에 대한 국제통화기금의 구제 프로그램에는 자동차 부품의 수입 시장을 개방하라는 요구가 포함되어 있었다. 이 요구는 자본의 흐름을 멈추기 위해 필요한 핵심 사항과는 거리가 먼 조치였음에도 1990년대에 이루어진 양자 간 무역 협상에서 미국이 꾸준히 요구해 왔다는 이유로 포함되었다. 보도에 따르면, 협상에 참여한 누군가가 경제학자 로버트 웨이드 Robert Wade에게 구제 금융을 위한 6개월간의 대화에서 미국이 얻은 소득이 지난 십 년 동안의 양자 간 무역 협상에서 얻은 것보다 더 많았다고 말했다고 한다.

개혁을 향한 길

개발도상국, 특히 국제통화기금이 가장 많은 영향을 준 나라들도 자신의 목소리를 낼 수 있는 공정한 권력 구조로 국제통화기금을 개편하는 일이 국제통화기금 개혁을 향한 첫걸음이 되어야 한다.

국제통화기금은 또한 회원국에 대해 더 많은 책임감을 가져야 한다. 과거 국제통화기금은 오만한데다가 비판이나 제안을 받아들이지 않는 폐쇄적인 기관이었다. 국제통화기금의 협상가들은 자신들이 미리 초안을 잡아 서명만 하면 끝나도록 완성해 둔 경제 개혁 청사진이 담긴 서류 가방을 들고 공항에 나타난다. 협상 가능한 것은 세부 사항들뿐이다. 이전보다는 더 많은 문서를 공개한다는 점에서 최근의 진전이 반갑기는 하지만, 그 정도로는 부족하다. 국제통화기금은 해외에서 활동할 때 재정 관련 부처만이 아니라 사회 · 환경 관련 부처, 의회 및 시민 사회 단체 등의 자문도 반드시 함께 받아야만 한다. 또한 국제통화기금의 책임성 향상을 위해 각 프로그램과 정책에 대한 정기적인 외부 평가가 이루어져야만 한다.

이제 국제통화기금은 융자 조건에 대한 애착을 버려야 한다. 국제통화기금식으로 말하자면 융자 조건이란 제공된 대출금에 대한 정치적, 경제적 조건이다. 그러나 국제통화기금처럼 대체로 무책임한 기관은 각국의 선출된 정부가 일하는 방식에 대해 왈가왈부해서는 안 된다.

국제통화기금의 관리들도 지금처럼 재무부 관료들과 편안히 앉아 얘기만 할 것이 아니라, 노조 · 농민 조직 · 여성 단체 · 비정부기구들과도 대화하고 그들의 의견에 귀 기울여야 한다. 모든 협약의 사회적 충격은 결국 이들에게 미칠 것이기 때문에, 국제통화기금 프로그램은 국제통화기금 소속의 거시경제학자 몇 명의 의견만 반영해서는 안 되는 것이다. 그리고 국제통화기금은 현재처럼 각국 정부들이 동의하지 않는 정책을 수용하라고 강요

만 할 것이 아니라, 그것이 올바른 길임을 그들에게 납득시켜야
한다.

국제통화기금은 평범한 사람들의 삶을 향상시키는 일을 정책
의 핵심으로 삼아야만 한다. 너무나 당연해 보이지만, 사실 국제
통화기금의 관리들은 종종 사람보다는 시장을 더 앞세우는 게 현
실이다. 사정이 이렇다 보니 경제적 안정성을 높이고 인플레이션
을 낮은 수준으로 유지하는 일이 아직도 국제통화기금의 중요한
역할로 남아 있는 것이다. 호황과 불황이 순환하면서 가격을 상
승시키면 누구보다도 가난한 사람들이 상처를 받는다.

그러나 수많은 노동자들을 해고하고 보건 의료 및 교육 서비스
를 삭감함으로써 유지되는 낮은 인플레이션 수준은 아무런 의미
도 없다. 1994년 니카라과와 체결한 협정에서 국제통화기금이 한
일이 바로 그런 것이었다. 국제통화기금은 공공 부문의 일자리를
수천 개나 없애 버렸고 인플레이션이 높은데도 사회 지출을 동결
시켰다. 또한 보건 의료 및 교육 서비스 부문에 요금을 부과했으
며, 판매세를 높여 가난한 사람들을 곤경에 빠뜨렸다.

아마도 가장 중요한 일은 국제통화기금의 조직 문화를 완전히
바꾸는 일일 것이다. 지금처럼 폐쇄적이고 교조적인 태도를 버리
고, 대중에 열려 있는 다원적이고 개방적인 태도를 가져야 한다.
가르치려 들기보다는 다른 사람들의 목소리를 경청해야 하며 자
신의 실수로부터 교훈을 얻어야만 한다.

이 같은 마음가짐의 변화를 어떻게 이룰 것인지가 진짜 문제이
다. 국제통화기금의 관리들이 6개월간 국제통화기금 프로그램의

영향을 받는 나라에 가서 가난한 사람들과 함께 생활해 보도록 출장을 보내는 방법도 있을 수 있다. 혹은 빈곤 감소 실적을 근거로 연봉을 조정하는 방법도 있을 수 있다. 현재 모든 결정을 내리고 있는 워싱턴에서 제3세계로 권력을 이양하는 일은 국제통화기금 관리들이 지역의 현실을 보다 잘 인지하도록 만들고 그들의 독단적 활동을 감소시키는 데 기여할 것이다. 아직 국제통화기금 내부에서는 해외 지사로의 파견이 징계와 같은 것으로 인식된다. 국제통화기금 유럽 지부장이 최근 고백한 바에 따르면, "옛날에는 일을 못하는 사람이 있으면 모두들 '그냥 온두라스 같은 데로 좌천시켜 버려'라고 말했다."고 한다.

새로운 천년을 맞은 국제통화기금은 선택의 기로에 서 있다. 만일 과거와 같은 길을 계속 간다면 국제통화기금은 문제를 해결하는 것이 아니라 그 자체가 하나의 문제로 될 것이다. 교조적이고 규제에서 벗어나 있는 국제통화기금은 전 지구적 시장의 만성적인 불안정과 불평등을 더욱 악화시킬 뿐이다. 새롭게 갱신된 도덕적 목적을 가지고 민주적으로 권한을 행사하는 국제통화기금이 된다면 전 지구적 시장의 만성적 불안정과 불평등을 통제할 수 있게 될 것이며 다수의 세계 시민들에게 그 혜택이 돌아가게 될 것이다.

2. 전 지구적 금융기관 설립

제인 다리스타Jane D' Arista
버지니아 주 금융 시장 센터Financial Markets Center의 프로그램 국장이며, 보스턴 대학 법학
부에 출강하고 있다.

각국 정부는 자국 경제를 스스로 관리할 통제 능력을 상실해 왔다. 압력이 너무나도 거세다. 세계는 전 세계적 금융시장의 변동성과 비효율성을 줄이기 위해 전 지구적 중앙은행Global Central Bank 같은 새로운 국제 규제 기관을 필요로 한다. 50여 년 전 브레턴우즈 회의 석상에서 영국 대표로 참석한 존 케인스는 나라 사이의 자본 흐름과 무역수지를 관리할 방안으로 전 지구적 중앙은행 설립을 제안했지만 이 계획은 복잡 미묘한 국가 간 이해관계의 바다 속에서 자취를 감추고 말았다. 이에 대한 논의가 최근 다시 불붙고 있으며, 경제학자인 제인 다리스타는 그 옹호자들 중 가장 설득력 있는 주장을 내놓고 있는 한 사람이다. 그녀에게 이 문제를 둘러싼 몇 가지 중요한 쟁점에 대해 질문해 보았다.

국제청산은행(International Clearing Bank, ICB)이라고 이름 붙인 전 지구적 중앙은행을 설립하자는 당신의 제안은 1940년에 제안된 케인스의 본래 의견을 토대로 한 것입니까?

▶ 확실히 그렇다고 할 수 있습니다. 브레턴우즈에서 제안된 내용을 조금이라도 살펴본다면 '청산 회사clearing house' 개념이 빠져 버렸음을 눈치 채실 수 있을 것입니다. 제가 다시 들여오고자 하는 내용이지요. 국제청산은행은 자체 통화를 발행하지는 않을 것이고 케인스도 그렇게 생각했습니다. 그 대신 국제 준비금 자

산international reserve asset을 발행해 각국이 자국 통화로 무역이나 금융 거래를 할 수 있도록 만들 것입니다. 지금은 미국 달러화가 실질적인 국제 준비 통화로 사용되고 있지만 말입니다.

그게 왜 그렇게 심각한 문제입니까?

▸ 달러화가 전 지구적 경제의 주요 통화로 자리 잡게 된 현실은 위험천만하다고 할 수 있습니다. 무역에 있어 핵심적인 역할을 하는 통화로서 달러화는 기존의 신식민주의 모형을 강화하는 데 기여했습니다. 부채를 예로 들어 보겠습니다. 각국은 국내에서 부를 창출하지만 대외부채는 다른 나라 통화로 갚아야 합니다. 이 말은 부채를 상환하기 위해 필요한 외국환 확보를 위해서 반드시 수출을 해야 한다는 것을 의미합니다. 이런 현실이 전 지구적 경제에서 부채가 그토록 큰 짐이 되는 이유입니다. 국제청산은행은 각국이 대외 거래를 할 때 자국 통화를 사용할 수 있도록 해 줍니다. 그렇게 함으로써 투기꾼들이 세계의 통화 보유고를 급습하는 일을 차단하게 됩니다. 이렇게 되면 사람들은 자국 통화를 사용해서 국내에서 부를 창출할 수 있으며, 또 세계 다른 지역과의 거래에서 평등성을 확보할 수 있습니다.

이 생각이 사람들에게 호소력을 가지는 이유는 무엇입니까?

▸ 수출이 주도하는 성장이 전 지구적 경제를 지배하게 되었습

니다. 자국 통화로 상환할 수 없을 정도의 많은 채무를 진 나라들은 수출에 집중하는 외에는 다른 수단이 전혀 없습니다. 그리고 대부분의 나라가 이렇습니다. 때로 수출 주도의 경제성장에 성공하여 외국환 보유고를 필요한 수준까지 높이는 경우도 있습니다만, 투기꾼들의 공격에 맞서 자국 통화를 방어하는 과정에서 결국엔 이를 모두 써 버리게 마련입니다.

미국의 연방준비제도이사회나 독일의 연방은행같이 각국은 개별적으로 중앙은행을 운영하고 있습니다. 국제청산은행도 이와 비슷한 기능을 수행하게 됩니까?

▶ 국제청산은행은 결제 체계를 담당한다는 점에서는 각국의 중앙은행들과 유사합니다. 하지만 국제청산은행은 나라 사이의 어음 거래 방식으로 이를 수행한다는 점이 다릅니다. 가령 내가 당신들이 발행하는 잡지를 구입하고 미국 달러화로 표기된 수표를 보내 준다고 칩시다. 당신이 그 수표를 당신이 있는 지역의 거래 은행에 맡기면, 이 은행은 그 수표를 중앙은행인 국립캐나다은행 National Bank of Canada으로 보내겠지요.

당신의 거래 은행은 그 수표를 중앙은행에 보냄으로써 자신의 '준비금 계정'에 일정한 액수를 추가할 수 있게 되는데, 바로 그 금액만큼 당신의 거래 은행은 당신에게 캐나다 달러화로 예금을 받은 셈이 되는 겁니다. 결국 당신은 나에게서 미국 달러화로 표기된 수표를 받았다 하더라도, 당신의 통장에는 캐나다 달러화로 예금이 되는 것이지요. 이제 중앙은행은 당신의 수표에 관련된 거래 내역을 대차대조표의 양쪽 모두에 기입해 넣습니다. 준비금이 늘었다는 측면에서 보면 중앙은행은 당신의 거래 은행에 부채를 지고 있는 것이지만, 다른 한편으로는 그 달러화 표시 수표를 실제로 받았기 때문입니다.

그렇다면 이제 '청산 회사'가 나설 차례겠군요?

▸ 그렇습니다. 당신이 거주하는 국가의 중앙은행은 이제 미국 달러화로 표기된 수표를 국제청산은행에 제출하게 되고 대신 국제 준비금 계정에 신용이 발생하게 됩니다. 이제 국립캐나다은행의 대차대조표에는 국제 준비금이 추가되겠지요. 국제청산은행은 수표를 미국의 중앙은행인 연방준비제도이사회에 돌려주게 되고 연방준비제도이사회의 국제 준비금 계정에서 그만큼의 신용을 차감하여 국제청산은행에 채웁니다. 이 시점에서 연방준비제도이사회가 나의 거래 은행에 수표를 돌려주게 되면 은행은 나의 계좌에서 해당 금액을 차감하게 됩니다. 거래 은행에서는 해당 수표를 해지해서 나에게 돌려주게 되지요.

말씀을 들어보니 그럴듯합니다만, 정치적으로도 실현 가능하다고 생각하십니까?

▸ 모두가 이 생각을 긍정적으로 생각하지는 않습니다. 현재의

전 지구적 체계의 혜택을 많이 받는 미국의 금융기관들이 특히 싫어하겠지요. 요점은 전 지구적 경제 체계를 공공 기관의 손에 넘겨주고 국제무대에서 활동하면서 외환시장을 점령해 온 은행들과 투기꾼들을 제거하자는 것입니다. 외환시장은 돈을 많이 벌 수 있는 곳이고 부도 많이 쌓여 왔습니다. 하지만 돈놀이는 무역을 촉진하거나 장기 투자를 활성화시키는 데는 기여하지 않습니다. 외환 투자의 성격상 어쩔 수 없이 단기 투자에 그칩니다. 이러한 불안정성은 현 체계의 일부를 구성하고 있고 이러한 체계는 무척 잘못된 것이어서 여러 나라들을 황폐하게 만들었습니다. 안정적인 통화 제도는 임금의 하락과 상품 및 자본 수출의 파괴성이 반복되는 하향 나선을 반전시키는 데 필요한 핵심 요소입니다.

당신은 국제청산은행이 '최종 대부자'로서 기능한다고는 언급했는데, 현재 국제통화기금이 맡고 있는 역할과 다른 점은 무엇입니까?

▶ 국제통화기금의 문제는 납세자의 자금으로 구제 금융 자금을 조달한다는 것입니다. 국제청산은행은 각국의 자산과 채무의 대차대조표를 정비하고 여러 가지 방식으로 국제수지 문제를 다룰 수 있습니다. 그중 한 가지는 보유고에 잉여가 있는 나라는 또한 통화를 재평가할 책임도 있다는 케인스의 강한 신념을 시행하는 것입니다. 이는 단순히 약자를 돕자는 얘기는 아닙니다. 가령 국제청산은행 회원국들이 매달 무역 불균형을 재검토하기로 협약을 맺었다고 생각해 봅시다. 별로 어려운 일은 아닐 것이라고 생

각합니다. 한 달이 지난 뒤 우리나라의 보유고가 당신네보다 5퍼센트 정도 적고, 당신네 나라의 보유고가 한 달 전보다 5퍼센트 정도 높아졌다면 통화를 재평가하여 변경해야 합니다. 현재 통화의 가치가 초 단위로 바뀌고 있음을 고려하면, 이 한 달이라는 시간은 모든 나라의 수출 부문에 숨통을 틔워 줄 것입니다. 그렇게 되면 지금과 같은 통화 관련 파생 상품 계약이나 선물 계약이 필요하지 않게 될 것입니다.

한편으로 타이완에서 발생한 지진 이후의 상황에 대해 말해 볼 수도 있겠습니다. 지진이 일어난 타이완의 경우 구호품을 조달하기 위해 많은 돈을 쓸 수밖에 없고, 그 결과 막대한 무역수지 불균형이 발생할 것입니다. 외국환 보유고는 곧 고갈되어 버리겠지요. 이 때 국제청산은행 회원국들은 다음과 같이 말할 것입니다. "조정이 필요하겠지만 타이완의 통화를 평가절하하는 일은 없도록 합시다. 그래야만 구호품을 수입하는 데 있어 어려움을 겪지 않을 테니까요." 대신 국제청산은행은 타이완의 국립중앙은행에서 더 많은 정부발행유가증권(국공채를 의미한다. 옮긴이)을 구매해 타이완이 '국제 준비금 계정'을 증가시킬 수 있도록 할 것입니다. 환율은 동일하게 유지될 것이고 자연재해에 뒤이은 금융 혼란은 발생하지 않을 것입니다.

궁극적으로 최종 대부자로서 국제청산은행은 타이완에서 타이완 시민들이 보유한 타이완 정부 채권을 구매하게 되고, 타이완중앙은행의 '국제 준비금 계정'을 추가함으로써 타이완 정부의 부채를 청산하는 방식을 취할 것입니다.

▶전 지구적 경제가 과두제 형태로 운영되어 왔기 때문에 어떻
게 체계를 보다 민주적으로 만들지 궁금하실 것입니다. 저는 국
제청산은행에 참여하는 각국의 경제 규모와 인구를 동시에 고려
해서 투표권을 결정해야 한다고 생각합니다. 전 지구적 부의 60
퍼센트, 그리고 지구 전체 인구의 60퍼센트를 이루는 각국 대표
로 구성되는 운영 이사회는 주기적으로 순환되어야 할 것입니다.
국제청산은행이 채권자나 엘리트들만으로 구성된 소규모 친목
단체로 전락하는 것을 경계하기 위해 회원 자격을 가진 중앙은행
들은 자국 시민들을 진정 책임지려는 자세를 가지고 있음을 보여
줄 필요가 있습니다. 국제청산은행 자체도 철저한 정보 공개를
고수하며 보고서를 통해 기준을 알릴 것입니다. 주요 금융 중심
지마다 모두 사무소를 개설하고, 금융 부문이나 정부 부문 외부
의 시민 단체 및 다른 여러 이익 집단의 인사들로 구성된 자문단
도 설치될 것입니다.

전 지구적 금융 관리자, 국제통화기금, 중앙은행가 등 시장을 통한 해결
책을 신뢰하는 사람들이 많습니다. 그들의 이데올로기를 어떻게 극복하
실 작정이신가요?

▶이제까지 말씀드린 생각을 확산시켜 나가는 일이 정치적으로

결코 쉬운 것은 아닙니다. 심지어는 비정부기구들에게조차 납득 시키기 어려울 때가 있습니다. 하지만 저는 어떤 상황이건, 느리 더라도 변화한다는 것을 믿습니다. 현재의 방식에 대한 근본적인 문제 제기가 이루어지고 있습니다. 튼튼한 갑옷에 틈새가 생기고 있으며, 이 기회를 통해 우리는 우리의 전망이 가진 차별성을 설 득해 나갈 준비를 해야 합니다.

5년 동안 비정부기구들과 이 문제에 대해서 대화한 결과 민간 국제금융 체계가 문제의 핵심이라는 인식이 강해지고 있습니다. 바로 이 체계가 브레턴우즈 기구들의 바탕을 이루는 각국 정부를 조정하고 있다는 것입니다.

세계의 상호 의존도가 높아질수록 체계적인 위기와 위기의 확 산은 부유한 국가들의 모임인 선진 7개국 정상회담(G7)에게도 실 질적인 충격을 미칠 것입니다. 그날이 점점 가까워지고 있습니 다. 전 지구적 경제를 운영하는 사람들은 소수의 엘리트만을 대 표한다는 사실을 대중들이 깨닫기 시작했습니다. 변화를 요구하 는 압력이 점점 더 커질 것입니다.

3. 지구를 존중하자

스티븐 슈라이브만Steven Shrybman

밴쿠버에 위치한 서해안 환경법 연대West Coast Environmental Law Association에서 활동하고 있으며 『시민을 위한 세계무역기구 안내서Citizen's Guide to the World Trade Organization』의 저자이기도 하다.

전 지구적 환경기구(Global Environment Organization, GEO)같이 국제연합의 위임을 받은 새로운 세계적 조직을 구성함으로써 전 지구적 환경 기준을 정립해야만 한다. 이러한 환경 기준은 지속 가능성, 형평성, 정의 같은 가치에 근거를 둔 것이어야 하며 모든 국제 무역 협정 및 투자 협정에 추가되어야만 한다. '일단 거래하고 값은 나중에 치르자'는 것이 세계무역기구의 신조라지만, 기죽지 말자. 스티븐 슈라이브만은 환경 파괴를 사전에 방지할 전 지구적 규제 체계를 찾고 있는 환경 운동가들이 자신의 강력한 적수(세계무역기구를 의미한다. 옮긴이)에게서 많은 것을 배워야 한다고 주장한다.

1995년 전 세계 백여 개 나라가 생물 다양성, 기후변화 및 그 외의 거의 모든 주요 환경 쟁점에 심대한 영향을 미칠 협정에 서명했다. 이 협정은 구속력을 가지며 모든 회원국이 협정의 의무 사항을 지키도록 만드는 강력한 시행 수단으로 무장하고 있었다.

좋지 않은 소식은 이 국제 협정이 환경적 재앙이 될 것이라는 점이다.

도대체 무슨 협정일까? 여기에 몇 가지 실마리가 더 있다. 우선 이 협정은 국제연합환경계획(UN Environmental Program, UNEP)의 주도하에 성립된 협정이 아니다. 사실 이 협정은 세계의 거대 기업들과 한통속인 관료들이 수행한 고도로 비밀스런 협상의 산물이다. 또한 이 협정은 환경을 명시적으로 언급하지 않을 뿐더러 환경 관련 단어조차 거의 찾아볼 수 없다. 생물 다양성, 기후변화, 사막화 같은 용어는 언급도 되지 않는다.

이 국제 '환경' 협약은 바로 세계무역기구의 서비스 교역에 관한 일반 협정이다. 서비스 교역에 관한 일반 협정을 지지하는 사람들은 이 협정이 상업 협정일 뿐이라며 환경과의 관련성을 부인하지만 그들이 경제정책과 무역정책에 도입한 위험천만한 근시안적 시각을 고려해 볼 때 이들의 주장은 터무니없는 것이다. 세계무역기구의 환경과의 관련성 또한 전문 용어라는 연막 뒤에 숨어 분명하게 드러나지 않았다. '무역적 관점에서 볼 때' 환경 기준이란 '무역의 기술적 장벽'이며, 식품 안전성 규제는 '위생 및 검역'의 문제이며, 유전 지식 공유의 문제는 '지적 재산권' 체계 속으로 편입될 뿐이다. 이는 또한 세계무역기구 찬미자들이 무역 협정과 환경 사안의 관련성을 부인하는 데 성공할 수 있었던 이유이기도 하다.

대체로 세계무역기구는 공공의 이해관계를 위해 기업 활동을 규제하는 정부의 권력을 제거함으로써, '일단 성장하고 값은 나중에 치르는' 세계화를 방어하기 위해 고안된 것이다. 그 결과 우리는 현재의 경제, 개발, 무역 정책을 진정 지속 가능한 길로 방향을 다잡을 힘을 잃게 될 것이다.

환경, 보존, 식품 안전 규제에 무역 부문이 도전해서 성공한 수많은 사례들은 협상이 가져올 충격이 어느 정도일지를 분명하게 보여 준다. 4년 전 세계무역기구가 설립된 뒤로 우리는 대중 참여를 엄금하는 규범과 더불어 협정의 시행 수단이 규범에 따르지 않는 정부를 제재하는 활동으로 변모해 왔음을 지켜보았다. 제재 목록에는 유럽과 일본의 식품 안전 기준, 미국의 대기오염 방지 규제US clean-air regulations와 해양 포유동물 보호법, 유럽과 예전 식민 지역의 몇몇 가난한 국가 사이에 체결된 원조 및 개발 협정, 캐나다의 문화 프로그램 등이 포함되어 있다. 그리고 이 목록에는 앞으로도 많은 항목이 더 추가될 것으로 예상된다.

여기 제시된 무역 분쟁은 자유 무역 규범과 환경 사이에 발생하는 갈등 중에서 가장 눈에 띄는 것에 불과하다. 사실 이 새로운 전 지구적 통치 체제가 유발한 가장 큰 피해들은 보이지 않는 곳에서 발생한다. 정부들이 국제적 무역 분쟁에 휘말리지 않으려고 환경적, 보존적 보호조치나 노동자와 소비자 보호 등을 소리 소문 없이 포기하기 때문이다.

최근 많은 환경 운동가들은 자신들이 기후변화, 생물 다양성 보호, 가난한 국가에 유해 폐기물을 수출하는 행위 등에 맞서 국제 협약을 협상하기 위해 회의장 복도를 걸어 다니고 있는 사이, 생태적 재난의 불길에 기름을 끼얹는 협상의 잉크가 말라 가고 있다는 사실을 깨닫고 있다.

실망스러운 소식인 것은 사실이지만 세계무역기구의 권위가 강력한 시행 수단에서 나온다는 점을 교훈 삼아 환경 협약의 본보기로 삼을 수 있다. 세계무역기구 협약은 정부가 의지만 있다면 구속력 있는 국제 협약에 서명할 것이라는 점을 증명해 보인 사례인 것이다.

세계무역기구의 규범을 어기면 어떤 정부도 제재를 피할 수 없다. 세계무역기구의 제재는 최상위 국가들도 무시할 수 없을 정도로 가혹할 때가 있기 때문이다. (미국 대기오염 방지법에 따른 규제를 상대로 해외 석유 정제 업체들이 제기한) 세계무역기구에 접수된 최초의 무역 소송 때문에 미국 환경보호청Environmental Protection Agency은 무역 규범에 위배되는 법규를 삭제하거나 아니면 해마다 1억 5천만 달러의 무역 제재 조치를 수용해야 하는 처지가 되었다.(미국은 한 발 물러서 석유로 인한 오염을 제한하기 위한 기준을 완화했다. 옮긴이)

유럽의 식품 안전 규제가 맞은 운명도 비슷했다. 작년에 세계무역기구는 유럽공동체가 시행한 호르몬 사육 쇠고기 수입 금지 조치를 무역 규범 위반이라고 판정했다. 세계무역기구는 수입 통제 규정을 삭제하라고 유럽공동체에 명령했다. 만약 이를 거부했을 경우 1억 2천5백만 달러 이상의 가치를 갖는 무역 제재 조치가 내려질 수 있는 상황이었다. 게다가 제재의 효과를 극대화할 수 있다면 해당 생산물과 상관없는 품목들에도 제재 조치가 취해질 수도 있다.

이외에도 세계무역기구에 제소된 사안은 보통 진술, 결정, 항소, 종결이라는 절차를 거치는데 이 모든 일이 일 년 이내에 종결된다. 한 국가의 정부를 상대로 이와 같이 신속하며 효과적으로 법적 제재 조치를 내리는 경우는 찾아보기 어려운 일이다. 반면 국제환경협정은 무역 제재라는 수단을 거의 활용하지 않는다. 그런 수단이 있더라도 세계무역기구가 가진 강력한 시행 제도에는 미치지 못하는 미약한 수단일 뿐이다.

기후변화 협약Framework Convention on Climate Change이나 생물 다양성 협약Biodiversity Convention 등에는 도덕적 설득력 외의 다른 시행 수단이 포함되지 않았다. 실질적인 제재 수단이 없다는 사실은 1992년 리우에서 열린 국제연합 환경개발회의UN's Earth Summit in Rio에서 각국 정부들이 스스로 협정에 서명했으면서도,

■ 깊이 읽기

무역 제재 조치

1985년 유럽연합은 치료 목적을 제외한 천연형 및 합성형 호르몬 사용 및 호르몬 투여 식육의 수입을 1988년부터 금지하기로 결정하고, 실제 수입 금지는 1989년 1월부터 시행되었다. 미국과 유럽연합 사이의 호르몬 분쟁은 1996년 미국이 수입 금지 조치가 부당하다며 세계무역기구에 제소하면서 시작되었다. 1998년 유럽연합의 수입 금지 조치는 과학적 근거가 없다고 하여 세계무역기구로부터 위생 및 검역 협정(Agreement on the Application of Sanitary and Phytosanitary Measures, SPS) 위반이라는 판결을 받았다. 이에 따라 1999년 5월 13일까지 시정 조치를 취할 것을 권고 받은 바 있다.

그러나 유럽연합은 1999년 4월 말 호르몬 미사용 증명서가 붙은 미국산 쇠고기에서 호르몬이 검출되었다고 하여 미국산 쇠고기에 대해 전면 수입 금지 조치를 취하고 권고에서 규정한 기한이 지나도 계속 수입을 금지하였다. 미국은 이에 대해 강하게 반발하여 유럽연합에 대해 제재 관세에 의한 보복 조치를 해 왔다. 2003년 유럽연합은 세계무역기구의 결정을 이행하고 있음을 밝히고 무역 제재 조치의 해제를 요청했다. 옮긴이.

그렇게 쉽게 협정을 무시할 수 있었던가를 설명해 준다.

궁극적으로는 각국에 법적 구속력을 가지는 의무를 부과해야만 환경과 관련된 국제적 차원의 목적을 달성할 수 있다. 이를 위해 세계무역기구 문서 중 시행 관련 조항 부분을 참조할 필요가 있다.

예컨대 전 지구적 제약 회사, 생명공학 회사, 미디어 회사들의 이익을 도모해 주기 위해 작성된 세계무역기구의 지적 재산권 협정WTO Agreement on Intelllectual Property Rights의 시행 조항을 떠올려 보자. 그리고 환경적 목적이 지적 재산권만큼 심각한 문제로 취급된다고 생각해 보자. 만일 세계무역기구가 다국적 제약 회사의 성장과 관련해 업무를 보던 방식 그대로 기후변화 관련 문제를 다루는 기구로 변모된다면 우리는 지구 온난화 감소를 위해 노력하는 무역 관련 조치에 관한 협정Agreement on Trade-Related Measures To Combat Global Warming을 맺을 수 있을 것이다. 이 협정은 모든 세계무역기구 회원국에게 다음과 같은 사항을 요구할 수 있을 것이다.

- 온실 가스 배출량을 1990년 수준으로 유지하도록 규제하는 국내법 제정.
- 협정을 어기면서 생산된 상품에 대한 세관의 검사, 압수, 처분권 확립.

- 협정에 규정된 법령이나 규제 조치를 위반할 경우 형사상 제재 조치 수립.
- 협정으로 인해 생기는 의무 사항 위반에 적용되는 사법권 외에도 별도로 에너지 및 에너지 관련 상품 수출 금지 등의 국가 간 보복 조치를 포함한 무역 제재의 활용 인정.

기후변화를 의약품 특허와 똑같이 진지하게 취급하자는 제안을 세계무역기구가 쉽게 인정하지 않을 것이라는 점은 앞으로 해야 할 일들이 얼마나 많을지를 잘 보여 준다. 이것이 바로 지구 온난화나 생물 다양성 상실보다 특허 보호를 앞세워 생각하는 이유를 설명하라고 각국 정부들에게 압박을 가하는 것이 중요한 까닭이다.

이와 별도로 현재 생태적 위기를 악화시키고 있는 무역 및 투자 협정에 대해서는 어떻게 대응하는 것이 좋은가? 세계무역기구에 대한 근본적인 정비가 이루어지면 해결되는 것인가? 아니면 환경 관련 쟁점들을 전 지구적 환경 기구 같은 새로운 국제연합 기구에 위임하자고 제안하는 것이 이치에 합당한 것인가?

그 해답은 자유 무역 정책의 예봉에서 환경을 격리해 보호할 수 있다고 믿느냐 아니냐에 따라 달라지는데, 사실 이 둘의 기원은 같다고 할 수 있다.

환경 정책과 무역 정책 사이에 발생하는 갈등이 부인할 수 없을 만큼 분명해졌을 때, 자유무역주의자들은 환경 분쟁을 세계무역기구와 무관하다고 치부하거나 철저하게 고립시켰다.

마이클 무어Michael Moore 세계무역기구 사무총장은 환경 관련 쟁점은 세계무역기구에서 관여할 문제가 아니니 환경문제를 다룰 전문성을 가진 '별도의 기관'을 통해 해결하라고 제안했다. 무역과 환경 관련 쟁점들이 얼마나 가깝게 서로 관련되어 있는지 사람들이 깨닫지 못하기를 바랐던 것이다.

물론 우리는 국제적 환경 기구들의 권한을 강화할 필요가 있다. 하지만 권한 강화가 국제적 경제 관계의 틀 외부에서 이루어질 수 있다고 믿는 것은 지나치게 순진한 발상이다. 실제로 이 기구들의 영향력이 미미했던 것은, 세계은행이나 세계무역기구 같은 국제연합의 기관들로부터 환경 기구들이 독립되어 있기 때문이다.

유해 폐기물의 국가 간 이동에 관한 바젤 협약Basel Conventiopn on Transboundary Waste Shipment이 무역 협정이기도 한 것처럼 세계무역기구는 환경 협정이기도 하다. 무역 협정과 환경 협정을 애써 떼어 놓는 일은 부자연스러울 뿐더러 오직 인류 발전을 위한 지속 가능하고 통합된 상을 구축하려는 노력을 좌절시키는 데 봉사할 뿐이다.

무역 협정은 기후변화 억제, 생물 다양성 보전, 식품 안전성 확보, 다양성 보호 등과 같은 목표에 봉사해야만 한다. 마찬가지로 국제적 환경 협정도 지속적으로 효과를 발휘할 수 있으려면, 경제 전략과 환경 전략을 통합해 내야만 한다.

세계무역기구를 근본적인 수준에서 개혁해야 할 필요성이 존재한다는 사실을 부인할 수는 없다. 하지만 초국적인 전 지구적 환경 기구가 설립된다면 또한 무역 및 경제적 제재 조치를 활용할 수 있도록 입법함으로써 세계무역기구를 보완할 수 있을 것이다. 전 지구적 환경 기구는 세계무역기구가 가진 시행 수단과 매우 유사한 시행 수단을 갖춰야만 할 것이다. 협정을 이행하지 않을 경우 세계무역기구가 취하는 조치처럼 확실하고 신속하며 구체적인 모든 차원의 제재가 가해져야만 한다. 경제적 제재 및 무역 제재가 언제나 필요한 것은 아니지만 필요하다면 사안에 따라서 활용해야만 할 것이다.

　자신이 우두머리로 있는 세계무역기구에 필적할 만한 힘과 영향력을 갖는 전 지구적 환경 기구를 마이클 무어가 생각해 낼 수 있을 것 같지는 않다. 정말이지, 현실적인 힘을 갖춘 국제적 환경 체제를 세우는 일이 세계무역기구를 탈바꿈시키는 일 못지않게 힘든 작업이 될 것은 분명하다. 왜냐하면 그 두 가지 일 모두 궁극적으로는 지향하는 최종 목표가 같기 때문이다. 이 최종 목표란 말하자면 멈추지 않는 성장 위에 세워진 국제 무역이라는 괴상한 개념보다는, 모든 인간을 위한 생태적 안정과 경제적 안정을 함께 북돋아 주는 협약이 될 것이다.

4. 국제금융 거래에 '토빈세'를 도입하여 투기를 막자

로빈 라운드Robin Round
캐나다의 연합 단체 '핼리팩스 이니셔티브halifax Initiative'의 '토빈세Tobin tax' 선전전을 지휘하고 있다.

규제받지 않는 투자는 전 지구적 경제를 찰나의 이윤을 노리는 투기꾼들이 판치는 도박판으로 바꿔 놓았다. 그리고 그 저주받을 결과를 보라! 이윤보다는 사람을 앞세워 고려하도록 만들기 위해 금융 투기에 대한 과세가 시급하다. 로빈 라운드는 금융 투기에 대한 과세가 전 지구적 시장을 안정시키고 전 지구적 발전을 위해 절실한 기금을 마련하는 데 어떻게 기여할 수 있는지 설명해 준다.

국제금융의 세계는 투자자들이 주야로 쉬지 않고 막대한 금액을 걸고 당장 이윤을 낼 방법을 찾아다니는 전 지구적 도박판으로 변했다. 상품과 서비스에 대한 투자와는 다르게 투기꾼들은 돈에서 돈을 만들어 낸다. 그뿐이다. 일자리도 서비스도 창출되지 않으며 공장도 지어지지 않고 제품 하나 생산되지 않는다.

투자자들은 채권 시장이나 통화 시장에서 분 단위, 시 단위 혹은 일 단위로 움직이는 세계적 가격 변동을 통해 이윤을 남긴다. 그리고 승부에 걸린 돈은 엄청나서, 하루에 1조 5천억 달러(1,500,000,000,000달러)가 거래된다. 이 중 95퍼센트는 통화가치나 금리가 상승할지 하강할지를 두고 걸려 있다. 거래자들은 상승이나 하강 중 하나에 돈을 걸어 돈을 벌며, 1997년의 동남아시아 시장처럼 불안정성이 매우 높은 곳에서 번창한다. 국제 투자 은행은 크게 성공하며 승리를 거두지만 시합에 진 사람들은 파괴적인 충격으로 상당히 오랫동안 고통 받는다. 멕시코, 동남아시아, 러시아, 브라질의 금융 위기가 보여 주듯, 투자자들이 공포를 느끼고 앞 다투어 빠져나갈 경우 그 나라 사람들은 엄청난 희생을 치르게 된다. 국민경제가 점점 더 자유화되고 통합되어 가고 있기 때문에 무언가 변화하지 않는다면, 장차 발생할 금융 위기를 피할 수 없을 것이다.

토빈세는 무엇입니까?

▶ 1978년, 노벨경제학상 수상자 제임스 토빈James Tobin은 주요 국들의 외환 거래에 대해 전 세계적으로 약간의 세금(0.5퍼센트 이하)을 붙이자고 제안한 바 있습니다. 바로 투기적 흐름의 '수레바퀴에 모래를 뿌리자'는 것이죠. 통화가치의 변동은 세율보다 더 클 때만 통화 거래를 통해 이익을 볼 수 있습니다. 세금이 붙으면 투기적 통화 거래자들이 가져갈 차익금이 적어지기 때문에 토빈세는 이윤을 줄이거나 제거할 수 있을 것으로 생각되며 결과적으로는 투기의 동기를 없애 버릴 것으로 생각됩니다. 이 세금은 투기의 규모를 줄임으로써 환율 안정화에 기여하도록 고안된 것입니다. 세율을 낮게 책정한 것은, 상품 및 서비스 거래나 장기 투자마저 위축시키는 부작용이 발생하지 않도록 하기 위해 신중하게 결정된 것입니다.

토빈세가 전 지구적 경제에 어떻게 혜택을 주게 됩니까?

▸ 환율 안정에 기여함으로써 세계 무역을 촉진할 수 있습니다. 거칠게 출렁이는 환율은 외환에 의존하는 기업들을 파괴합니다. 사용되는 통화의 상대적 가치에 따라 가격과 이윤이 심하게 변동하기 때문입니다. 수출 기업이나 수입 기업이 오늘과 내일의 통화가치를 확신할 수 없게 되면 고용 창출을 포함한 경제계획은 창밖으로 달아나 버립니다. 환율 변동성이 줄어들면 기업이 위험을 '헤지(미래의 가격 변동을 예상하고 통화를 사 두는 일)'하기 위해 쓰는 비용이 줄어들 것이고, 그만큼 자본에 여유가 생겨 새로운 생산에 투자할 수 있게 됩니다.

토빈이 제안한 세금이 실행되고 있었다 해도 동남아시아에 위기가 닥치지 않았으리라는 보장은 없지만, 앞으로 발생할 위기를 방지하는 데는 도움이 될 수 있습니다. 토빈세를 통해 투기의 규모와 투기적 공격을 촉진하는 통화가치의 변동성을 전반적으로 줄일 수 있기 때문입니다.

토빈세는 각국 정부에 어떤 방식으로 도움이 될 수 있습니까?

▸ 토빈세는 금융시장이 각국 정부의 경제정책 결정에 미치는 영향력을 줄이도록 설계되었습니다. 전통적으로 한 나라의 중앙은행은 자국 통화의 상대적 안정을 유지하기 위해 국제시장에서 자국 통화를 사고팔았습니다. 중앙은행은 투자자들이 내놓은 대량 매물로 통화가치를 하락시킬 수 있는 '공급 과잉'의 위협을

받으면 자국 통화를 사들였습니다. 과거 대부분의 중앙은행이 대량 매물이나 '공격'에 대처하기 위한 준비금을 현금으로 충분히 보유하고 있었습니다.

얼마 지나지 않아 투기꾼들은 전 세계 중앙은행이 보유한 현금 총액보다 더 많은 돈을 보유하게 되어서 공식적인 통계에 따르면, 전 지구적 준비금은 하루 동안 이루어지는 전 지구적 외환 거래액의 절반에도 못 미친다고 합니다. 대부분의 나라들은 투기적 공격이 발생할 경우 자신들의 통화를 보호할 수 없게 된 것입니다.

토빈세는 전반적인 외환 거래 규모를 축소시키기 때문에 중앙은행이 자국 통화의 방어를 위해 마련해야 할 준비금 규모를 줄여 줍니다. 토빈세가 시행되면 각국 정부는 변덕이 심한 금융시장의 요구에 따라 재정 정책이나 금융 정책을 결정하는 속박에서 벗어나 각자의 경제 발전에 가장 도움이 되는 일을 찾아 자유로운 활동을 펼치게 될 것입니다.

토빈세는 사람들에게 어떤 혜택을 주게 됩니까?

▸ 토빈세는 위기의 발생 가능성을 줄임으로써 금융 위기가 야기할 사회적 황폐화를 피할 수 있도록 도와줍니다. 해외 원조가 줄어들고 강력하게 세금을 거부하는 분위기가 세금을 늘리는 정부의 능력을 압도하고 있는 지금, 토빈세는 전 지구적 세입의 중요한 원천으로도 작용할 것입니다. 소득 격차와 사회적 불평등이 증가하고 있는 요즘 토빈세는 세금이 붙지 않는 부문의 막대한

부를 포착해 공공선을 위해 사용되도록 방향을 돌릴 드문 기회를 제공할 것입니다.

조심스럽게 예상해 본 결과 최소한 천5백억 달러에서 3천억 달러는 거둬들일 수 있을 것으로 보는데요, 국제연합이 지구상의 악성 빈곤과 환경 파괴를 제거하는 데 연간 2천2백5십억 달러를 쓰고 있다는 사실을 상기해 보게 됩니다.

누구에게 세금을 부과합니까?

▶ 외환 거래의 대부분은 백여 개의 세계적 거대 은행에서 이루어집니다. 그중 상위 열 개 은행이 시장의 52퍼센트를 통제하고 있는데 이들 대부분이 미국, 독일, 영국계 은행입니다. 7.75퍼센트의 시장 점유율을 보이는 업계 1위 시티은행의 1998년 외환 거래 규모는 8조 5천억 달러에 이르는데, 이는 미국 국내총생산액을 넘는 금액입니다. 이 은행들은 자신의 이익을 위해, 그리고 거대 기업·사적 투자자·보험회사·헤지펀드·뮤추얼펀드·연기금의 이익을 대변해 운영됩니다.

무엇에 세금을 부과합니까?

▶ '스팟', '스왑', '선물', '선도' 같은 특수한 금융거래에만 세금이 부과될 것입니다. 스팟 거래를 제외한 나머지는 '파생 상품'이라고 불리는데, 실제로는 거래되지 않는 기초 자산underlying assets의 가치로부터 그 가치가 파생되기 때문입니다.

외국에서 휴가를 보내려는 여행객의 달러화 교환은 토빈세 대상이 되지 않을 것입니다. 백만 달러 미만 거래에도 세금을 적용할 것인지 논쟁이 진행 중입니다.

토빈세는 어떤 방식으로 과세됩니까?

▶ 세금은 투기적 통화 거래만을 대상으로 할 것입니다. 어떤 종류의 거래가 투기적인지 어떤 종류의 거래가 상품과 서비스에 대한 적법한 거래인지 판단하는 것은 간단한 일이 아니기 때문에 거래의 속도를 과세 기준으로 삼으려고 합니다. 속도가 투기적 거래와 적법한 거래를 구분하는 기본적인 차이점입니다. 생산적인 투자는 장기적인 투자인데 비해 투기꾼들은 팬케이크를 뒤집듯 하루 단위, 시간 단위, 분 단위의 금리 변화와 통화가치 변동에 따라 투자처를 바꿉니다. 모든 투기 거래의 80퍼센트는 7일 이내의 거래이며 40퍼센트는 이틀 혹은 그

• 스팟spost─선물에 대비되는 개념으로 현재 시점에서 매매 계약이 체결되고 계약이 이행되는 것을 현물이라고 한다. 옮긴이.

• 선도forwards─선도는 장래의 일정한 시점에 일정량의 특정 상품을 미리 정한 가격으로 매매하기로 맺은 계약을 의미한다. 선도 계약은 주로 자산의 가격 변동에 대한 헤지 목적을 위해 생겨났는데 요즈음은 투기 목적을 위해서 이용되기도 한다. 선도 계약은 다음과 같은 특징에서 선물 계약과 구별된다. 첫째, 매입자와 매도자 상호 간의 합의에 의해 계약 조건을 정할 수 있으며 거래 장소 또한 제한이 없다. 따라서 장외 거래라고 볼 수 있다. 둘째, 원래는 선도 계약은 만기일에만 결제 가능한 것이었으나 요즈음은 이의 변형된 형태로서 만기일 이전에 아무 때나 결제가 가능하도록 되어 있는 선도 계약이 많다. 그러나 매일 매일의 결제를 하는 선물 계약과는 다르다. 셋째, 선도 계약은 매매 당사자 간의 직접 거래이므로 계약 당사자의 신용이 고려되어야 하며, 이에 대한 규제도 주로 시장의 자율적 규제에 맡겨지고 있다고 볼 수 있다. 옮긴이.

보다도 짧은 시간에 거래됩니다.

단기 거래에만 자동적으로 토빈세가 붙을 것이기 때문에 상품 무역이나 장기간의 자본 투자를 하려는 이들에게는 거의 영향을 주지 않을 것입니다.

투기꾼들이 세금을 회피하는 방법을 찾지는 않을까요?

▶ 반드시 그러겠지요. 그러나 세금을 회피한다고 정부가 세금 거두는 일을 단념하지는 않습니다. 특히 토빈세 같이 수용할 수 없는 행위에 대해 부과되는 '범칙금' 형태의 세금이라면 더욱 포기해서는 안 됩니다. 그보다는 이들의 회피를 최소화할 방법을 찾아야 합니다. 토빈세를 회피하기 어려운 세금으로 만들 수 있습니다. 통화 거래는 전산상의 흔적을 남기기 때문에 이론상으로는 세금 걷기가 쉬울 것으로 생각됩니다. 각 거래를 기록한 컴퓨터를 통해 세금을 거두면 되니까요. 거래액이 아무리 크다고 해도 거래가 발생하는 장소나 거래자의 수는 그렇게 많지 않습니다. 외환 거래의 80퍼센트가 겨우 일곱 개 도시에서 이루어집니다. 런던, 뉴욕, 도쿄 세 도시에서만으로도 투기적 거래의 68퍼센트를 포착할 수 있을 것으로 생각됩니다.

투기꾼들이 거래 장소를 국외의 세금 도피처로 옮기지는 않을까요?

▶ 국가 간 협약은 위치 재선정의 위협을 피할 수 있게 해 줄 것

입니다. 대금을 지불한 장소나 '최종적으로 이익을 본' 장소에서 세금을 부과하면 문제가 없을 것입니다. 전 지구적으로 중앙 집중화된 결제 체계가 도입되는 추세이기 때문에 거래는 점점 더 소수의 기관을 통해서 추적이 가능합니다. 거래를 숨기기가 점점 더 어려워지고 있습니다. 케이맨 제도(Cayman Islands, 쿠바 섬 남쪽에 그랜드케이맨, 케이맨브랙, 리틀케이맨의 세 개의 섬으로 이루어진 섬의 무리. 대표적인 세금 피난처로 알려져 있다. 옮긴이) 같은 세금 피난처로 거래 장소를 옮길 경우 협정에서 정한 세율의 두 배나 그 이상을 적용하는 방법을 마련할 수도 있을 것입니다.

토빈세를 가로막는 가장 큰 장벽은 무엇입니까?

▶ 그것은 기술적인 문제도 행정적인 문제도 아니고 정치적인 문제입니다. 금융권에서는 토빈세를 위협적인 대상으로 인식하고는 막강한 정치적 영향력을 동원해 맹렬히 저항하고 있습니다. 시장보다 사람을 앞세운다는 발상 자체가 현재의 전 지구적 경제 모형의 기반과 전 지구적 경제를 통제하는 사람들에 대한 도전이기 때문입니다.

이 저항을 극복할 수 있을까요?

▶ 최근 발생한 전 지구적 금융 위기로 인해 각국 정부들은 자유 시장에 대한 신념을 재검토하기 시작했습니다. 세계은행이나 국

제통화기금조차도 1997년에서 1998년 위기를 맞은 경제를 살리기 위해 말레이시아 정부가 사용한 자본 통제 수단을 높이 평가했습니다. 이는 최근까지도 상상할 수 없었던 근본적인 태도 변화라고 할 수 있습니다.

자금이 부족한 정부들과 전 세계의 다국적 기관들에게 토빈세가 가지는 정치적 호소력을 과소평가해서는 안 됩니다. 2000년 6월 제네바에서 열린 국제연합특별총회(UN Social Summit +5)에 모인 160개국 정부는 통화 거래세를 포함해 사회 개발을 위한 새롭고 혁신적인 기금 마련을 위해 정밀한 분석을 수행하기로 합의했습니다. 세계 각지에서 온 비정부기구는 이 핵심적인 연구가 이루어져야 한다고 강력히 주장해 왔고 그것이 토빈세와 관련된 정부 간 논쟁을 이끌어 내는 데 중요한 기여를 할 것으로 믿고 있습니다.

어떤 사람들이 토빈세를 지지합니까?

▶ 국제 노동조합 운동, 캐나다 의회, 핀란드 정부와 참여가 늘고 있는 세계 여러 학술 단체, 선출직 대표들이 토빈세를 지지하고 있습니다. 유럽 의회, 영국과 프랑스 의회 의원들도 토빈세에 대한 제안을 두고 논쟁 중이며, 브라질과 유럽 전역에서 토빈세를 지지하는 의회 의원들이 활동하고 있습니다. 21개국 400명 이상의 의회 의원들이 토빈세 도입을 요구하는 세계의 의회 의원 문서에 서명했고, 29개국 160명의 경제학자들도 2000년 6월, 그와 비슷한

요구 문서에 서명했습니다. 토빈세 도입을 위한 시민운동도 전 세계적으로 펼쳐지고 있습니다. 유럽의 발전과 연대를 위한 국제 협력(Coopération International pour le Dévelopment et la Solidarité, CIDSE, http://www.cidse.org), 캐나다의 핼리팩스 이니셔티브, 영국의 빈곤과의 전쟁War on Want, 프랑스와 브라질의 시민부조를 위한 금융거래세 도입 연대(Association for the Taxation of financial Transactions for the Aid of Citizens, ATTAC), 핀란드의 발전연대센터(Kehitysyhteistyön Palvelukeskus, KEPA, http://www.kepa.fi/), 미국의 토빈세 도입 운동(Tobin Tax Initiative, http://www.ceedweb.org/iirp/), 한국의 경실련(Citizens Coalition for Economic Justice, CCEJ, http://www.ccej.or.kr/) 등의 단체들이 활동 중입니다. 이들과 이외의 여러 단체들이 모여 국제 토빈세 네트워크International Tobin Tax Network를 구성해서 토빈세에 대한 대중적, 정치적 지원을 구축하기 위한 정보를 공유하고 협력 활동을 펼치고 있습니다.

토빈세 도입은 전 지구적 금융 체계를 근본적으로 개혁하는 일의 일부분일 뿐, 세계가 앓고 있는 금융 관련 질병과 개발과 관련된 불행의 만병통치약은 아니라고 봅니다. 경제적 의사 결정의 민주화 및 부의 공정한 재분배가 새로운 천년을 맞이한 정부의 활동에 중심 원칙으로 자리 잡아야 할 것입니다.

이제 막 실질적인 행동이 이루어지기 시작했습니다. 세계 각지의 시민들과 정치인들은 토빈세에 반대하는 강력한 세력이 전 지구적 금융시장을 통제하려는 근본적인 대중 논쟁을 질식시키고 조작하며 결국에는 훼손하도록 내버려 두지 않을 것입니다.

토빈세가 무엇인지 귀 기울여 들어주시기 바랍니다. 오직 광범위한 대중의 지지와 압력이 있을 때에만 토빈세의 도입이 실현될 수 있을 것입니다.

5. 공공선을 위한 자본 통제

토니 클락Tony Clarke
캐나다 오타와의 폴라리스 재단(Polaris Institute, http://www.polarisinstitute.org/) 이사장이며 세계화국제포럼(International Forum on Globalization)의 이사로 활동하고 있다.

세계무역기구가 고안하고 북미자유무역협정 같은 지역 무역 협정의 보호를 받는 새로운 전 지구적 투자 규범은 부유한 투자자들에게 아무런 대가도 요구하지 않고 백지 위임장을 부여한다. 자본을 민주적으로 통제하고 지역 공동체에 이익이 돌아가는 투자를 활성화하기 위해 대안적 투자 규범이 필요하다. 토니 클락은 기업이 우리 모두에게 빚을 지고 있다고 주장하면서 거대 기업에 법적 통제를 가할 수 있도록 대안 투자 협정Alternative Investment Treaty 체결을 제안한다.

1998년 봄 다자간투자협정 협상이 와해되기 시작했을 때 전문가들과 언론인들은 경제적 전 지구화의 설계 방향을 완전히 돌려놓은 국제 시민 투쟁을 자세히 다룬 바 있다.

영국의 권위지 『파이낸셜 타임즈』는 다자간투자협정이 풀어나가는 과정에서 서구 지도자들을 압도했던 혼란을 보여 주기 위해, 상냥하지만 상황 파악에는 서툰 두 미국인 악당이 볼리비아 군과 마주쳐 라틴아메리카에서 최후를 맞이하는 영화 〈내일을 향해 쏴라Butch Cassidy and the Sundance Kid〉의 마지막 장면을 꺼내 들었다.

"엄청난 수의 폭도들이 몰려오는 것을 자기들 어깨너머로 바라보고 있는 한 무리의 정치가들과 외교관들을 한번 그려 보라. 이 폭도들의 행동 동기나 방식에 대해서는 같은 나라의 고위 인사들조차도 별로 아는 바가 없어서, 이 정치가들과 외교관들은 망연자실한 채 '쟤들 대체 누구야?'라는 질문만 겨우 내뱉을 뿐이다."

매우 효과적이었던 다자간투자협정 반대 투쟁을 높이 평가했던 한 노련한 통상 외교관은 다음과 같이 말했다. "이 사건은 하나의 전환점이다. 우리가 국제적 경제 협상과 무역 협상에 접근하는 방식을 재고해야만 할 것이라는 사실을 의미하는 것이다."

그런 재고는 이미 오래 전에 했어야 한다. 하지만 이 거래에 대한 비판이 전 지구적 투자 협정이라는 생각 자체에 반대하는 것은 아니라는 사실이 다자간투자협정을 지지하는 부유한 사람들에게는 놀라움으로 다가갈 것이다. 많은 다자간투자협정 반대 활동가들은 완전히 다른 종류의 전 지구적 협상을 요구했다. 다국적기업(Transnational Corporations, TNCs)에게 권리장전 및 자유를 부여하는 다자간투자협정 대신 다국적기업이 법적 통제를 받도록 만들 새로운 협정을 주장했던 것이다.

그러면 현재의 신자유주의적 교의와는 근본적으로 다른 이 대안적 체계를 어떻게 구성해 나갈 것인가?

첫걸음은 투자의 기본적인 목적이 무엇인지 검토하는 것이다. 자본은 기본적으로 인간과 지구를 희생시켜 이윤으로 바꾸는 도구가 아니라 발전의 도구나 수단으로 파악되어야 한다. 특히 투자는 정당하고 지속 가능한 발전에 먼저 기여해야 한다. 이러한 생각은 근거 없는 헛소리가 아니다. 국제연합의 수많은 규약과 헌장 안에 이와 관련된 내용들이 이미 구성되어 있기 때문이다.

1948년 세계인권선언Universal Declaration of Human Rights과 그에 수반한 경제적, 사회적, 문화적 권리에 관한 규약Covenant on Economic, Social and Cultural Rights, 시민적·정치적 권리에 관한 규약UN Covenant on Civil and Political Rights을 떠올려 볼 수 있다. 이들 모두는 민주적 권리와 자유가 정치적, 경제적 독재보다 앞선다는 사실을 주장하고 있다. 이들 규약은 보다 최근에 열린 리우 국제연합 환경개발회의, 베이징 세계여성회의Beijing Summit on women, 코펜하겐 국제연합 사회개발정상회의Copenhagen Summit on Social Development에서 채택된 헌장들을 통해 강화되어 왔다.

그 외에도 1974년 국가의 경제적 권리와 의무에 관한 헌장UN Charter of Economic Rights and Duties of States은 발전을 위한 자국의 경제적, 사회적, 환경적 우선순위를 확보하기 위해 각국 정부들은 외국인 투자를 규제해야 할 책임을 진다는 점을 인정하고 있다. 이 헌장의 핵심에는 자본이란 '사회적 협정'이라는 원칙이 깔려 있다.

이는 자본의 형성이란 현재와 과거의 인간 노동을 바탕으로 하는 사회적 과정임을 의미한다. 기업은 경제적·사회적 기간 시설, 즉 도로나 교량 같은 사물과 공공 교육·위생 시설·맑은 물 등의 서비스를 이용한다. 기업은 또한 생산에 사용할 에너지를 얻기 위해 지구에서 채취한 자연 자원도 사용한다. 이러한 이유로 모든 자본에게는 사회적, 경제적 저당권이 설정되는 것이다. 기업들은 사회와 자연에 되갚아야만 하는 빚을 안고 있다. '저장된 가치'라는 자본의 특성은 자본이 투자자들에 대해 의무를 수행하도록 만들 적법한 근거가 된다.

이러한 재평가는 협상 장소나 협상 과정이 변하지 않고는 수행될 수 없다. 지상 최대이자 가장 부유한 기업을 상징하는 '『포춘』이 선정한 500대 기업' 대부분이 위치한 부자 국가들의 모임인 경제협력개발기구는 대안적 협약 마련을 위한 장소로는 적합하지 않다. 세계무역기구 역시 부적합하다. 세계무역기구가 세계의 국가 대부분을 포괄하는 것은 사실이지만, 세계무역기구는 개발도상국들에게 매우 불리한 권력 구조를 가지고 있기 때문이다.

유일하게 적합한 장소는 국제연합 하나뿐이다. 국제연합의 업무 처리에 기업의 영향력이 틈입한 불온한 흔적이 존재하지만, 대안적 틀을 짜내기 위한 기초가 국제연합에는 마련되어 있고 공정한 의사 결정 구조도 있다. 이러한 절차를 개시할 리더십만 국제연합 안에서 확보해 내면 되는 것이다.

대안 투자 협정은 다음과 같은 사항들을 주요 원칙으로 포함하고 있어야 한다.

- 시민의 권리

▶ 투자된 자본이 모든 시민의 기본권과 기본적인 필요에 봉사하도록 투자를 설계해야 한다. 시민의 기본권과 기본적인 필요에는 인권(적절한 음식, 의복, 주거), 사회권(양질의 보건 의료, 교육, 사회 서비스), 노동권(고용, 정당한 임금, 노조, 보건 및 안전 기준), 환경권(대기질 및 수질, 숲, 어족 자원, 야생과 재생 불가능한 자원 보호), 문화권(민족 정체성, 가치, 전통, 문화유산 보전)이 포함된다.

- 국가의 책임

▶ 시민의 권리 보장을 위해서 정부는 국민경제를 규제할 권리와 책임을 지닌다. 정부의 권한에는 공기업을 설립하여 전략적 경제 영역(금융, 에너지, 통신)을 보호할 권리와 정부가 운영하는 공공 서비스를 통해 '공공재'로 알려진 민감한 영역들(환경, 보건 의료, 문화)을 보호할 권리가 포함되어야만 한다.

- 기업의 의무

▶ 해외에 본사를 둔 기업이라도 공정하게 대우받고 투자금에 대한 합리적인 보상(자산 수용에 따르는 보상금)을 기대할 수 있다. 하지만 이들은 반드시 특정한 사회적 의무를 져야한다. 예컨대, 시민의 기본적인 욕구와 권리를 보장하도록 설계된 기준을 준수해야 한다. 또한 이들은 정부에게 자국 경제의 전략적 영역과 '공공재'를 보호하고 증진시킬 권리가 있다는 사실을 반드시 인정해야만 한다. 그리고 공정하게 부과된 세금을 부담함으로써 자본의

일부를 '공공'에 되돌려 주어야만 한다.

이러한 근본적인 원칙에 기초한 대안 투자 협정에는 다음에 제시되는 핵심 요소들이 포함될 것이다.

• 공정한 대우

▸ 외국인 투자도 사회적 의무를 충족시킨다면 환영받을 것이다. 정부가 외국 기업을 국내 기업과 동등하게 대우하도록 강제할 때 활용되는 '내국인 대우' 개념을 폐기하고 그 대신 '저장된 가치'로서의 자본이라는 개념을 활용해 외국 기업을 공정하게 대우하는 데 필요한 의무 관계를 설정하는 기준으로 삼을 수 있다.

• 사회적 의무

▸ 정부는 노동 기준, 환경 안전 기준, 사회 보장에의 기여 등 기본적인 사회적 의무를 다할 것을 자국 기업과 외국 기업 모두에 요구할 법적 권한을 갖는다.

• 활동 기준

▸ 외국인 투자가 국가 발전에 기여하도록 만들기 위해 정부는 고용 할당, 수입과 수출의 균형 유지, 자연 자원의 수출 할당, 이윤의 본국 송환 제한 등의 기준을 마련할 권리를 가진다. 국내 시장과 자원에 접근하는 일을 허용하는 대신 정부는 외국 기업에게 공동체 내에 신규 고용을 창출할 의무를 부과할 수 있고 재생 불가능한 자원의 수출에 제한을 가할 수 있다. 이러한 권한은 실현

가능하며 효과적이다. 캐나다의 외국인 투자 검토법Foreign Investment Review Act은 외국인 투자에 대한 활동 요구 조건을 제시할 수 있는 도구를 마련해 준 계기가 되었다.

• 투자 유인책

▶ 기업이 이러한 사회적 의무를 다하도록 만들기 위해서 정부는 보조금 · 대출 · 장려금 지급, 정부 납품, 세금 우대 및 사회적 의무를 다하지 못한 외국 기업에 대한 이윤의 본국 송금 제한 같은 투자 '유인책'을 활용할 수 있을 것이다. 가령 정부는 외국 기업이나 국내 기업과 정부 물품 납품 계약을 체결함으로써 생산적 투자를 유도할 수 있다.

• 공기업

▶ 모든 정부는 세입의 공적 투자를 통해 '공공재'를 보호할 책임을 지닌다. 여기에는 경제의 핵심 부문에 대한 공공 소유 실현, 사회 프로그램과 공공 서비스 구축, 생태적으로 민감한 영역에 대한 안전장치 마련, 문화유산 보호 등이 포함될 수 있다.

• 수용 기준

▶ 공공의 목적을 위해 물적 자산을 수용당한 외국 기업에게 공정하게 보상해야 한다. 그러나 기업의 비용에 추가되는 사회적, 환경적 규제는 보상 대상이 아니다. 보상은 시초 투자의 가치, 세금 부과 목적으로 평가된 자산 자치, 투자 기간 동안 국외로 빠져

나간 부의 규모 등에 따라 국내법에 의거하여 정당하게 이루어져야만 한다.

그러므로 외국 기업은 재생 불가능한 자원의 수출 할당, 유해한 물질의 판매 금지 등을 규정하는 환경법으로 인해 회사의 이윤의 폭이 줄어들거나, 시행하려던 투자 계획을 정부가 금지하는 바람에 장래의 기대 이윤에 손실이 나더라도 정부에 보상을 요구할 수 없다.

• 금융 거래

▶ 정부는 외국인 투자에 대해 투기성 투자가 아닌 생산적인 투자를 하라고 요구할 수 있다. 또한 외국 기업에게 적어도 정해진 기간 동안 이윤의 일정 몫을 중앙은행에 넣어 두라고 요구할 수 있고 통화 투기를 늦추기 위한 세금을 외환 거래에 매길 권리를 갖는다. 가령 칠레는 투기 자본의 갑작스러운 해외 유출을 방지하기 위해 '속도 조절' 기준을 마련했는데, 이에 따르면 모든 투자는 칠레에 최소한 일 년 이상 머물러야만 한다.

• 분쟁 해결

▶ 분쟁이 생길 경우 시민과 정부, 기업 모두 억울함을 호소할 권리를 갖는다. 분쟁 발생 시 시민이 고소하면 금지 명령이나 보상금 액수를 판정할 권한을 가진 국내 법정에서 처리될 것이다. 분쟁 해결 과정에서 삼자 모두는 금전적 보상을 요구할 수 있는 법적 지위를 가진다. 하지만 국내법을 의도적으로 무시하고 투자

규정을 어긴 경우에는 예외가 성립된다. 비정부기구, 원주민 공동체, 환경 단체와 여성 단체, 노조, 그 외 여러 단체들도 분쟁 해결 과정에 접근할 동등한 권리를 보장하기 위해서 이 같은 시민 중재 기관들을 위한 국가 기금이나 국제 기금을 창설해야 한다.

횡포와 가난

아메리카 전역에서 식민주의는 원주민을 자기 땅에서 몰아냈고, 전통 경제를 파괴했으며 원주민을 빈곤층 중에 빈곤층으로 만들었다.

• 스페인 인은 볼리비아의 은광을 운영하기 위해 미타mita라고 하는 노예 노동제를 도입했다. 1650년까지 포토시의 은광에서 사망한 원주민은 거의 8백만 명에 이른다.

• 사회가 해체되자 대개의 원주민들은 자살하거나 알코올 중독에 빠졌다. 살아남은 캐나다 원주민의 자살률은 캐나다 평균 자살율의 열 배 내지 스무 배에 달했다.

• 과테말라의 외국인 기대 수명은 61세였지만 원주민의 기대수명은 45세에 불과했다. 원주민 아이들의 영아사망률은 외국인의 영아사망률의 두 배에 달했다.(인구 천 명당 160명 대 80명)

▶ 출처─*SEDOS Bulletin*, Rome, May, 1990; *The Dispossessed*, Geoffrey York(Lester & Orpen Dennys, Toronto, 1989); *Guatemala: False Hope, False Freedom*, *James Painter*(CIIR, London, 1987); *Ecuador Urgent Action Bulletin*(Survival International, London, 1990); Native Population of the Americas in 1492, Ed. W. Denevan (University of Wisconsin Press, 1976) and *GAIA Atlas of First Peoples*, Julian Burger (Doubleday, New York, 1990).

남북아메리카 원주민 인구―1492년과 1992년

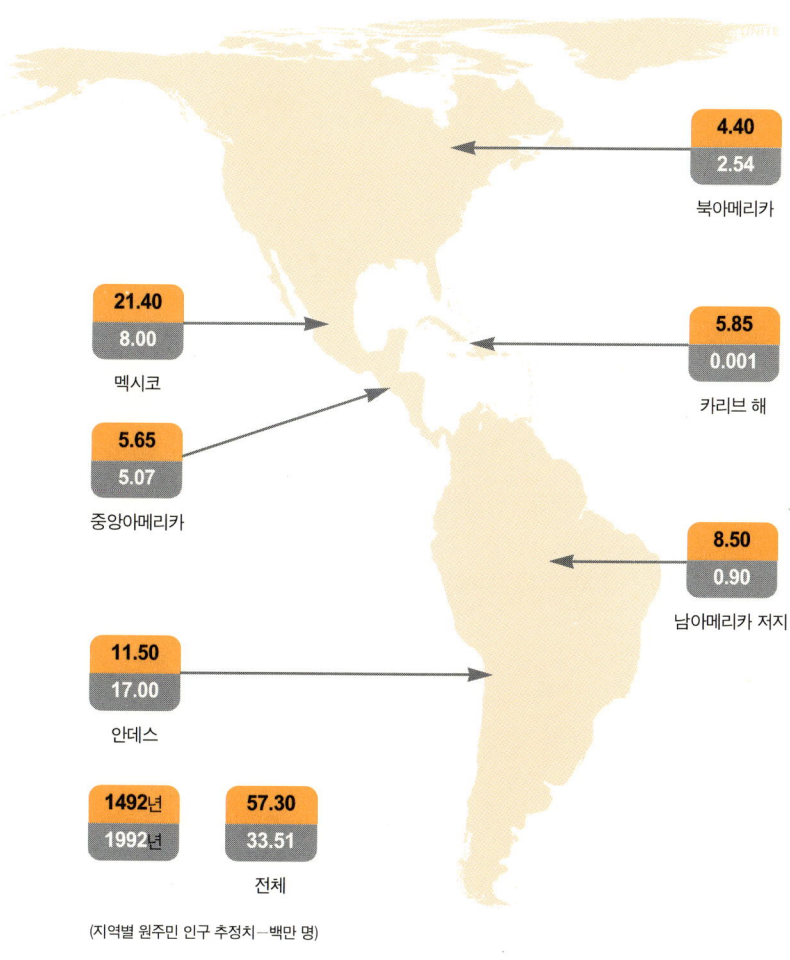

4.40	
2.54	

북아메리카

21.40	
8.00	

멕시코

5.85	
0.001	

카리브 해

5.65	
5.07	

중앙아메리카

8.50	
0.90	

남아메리카 저지

11.50	
17.00	

안데스

1492년	
1992년	

57.30	
33.51	

전체

(지역별 원주민 인구 추정치―백만 명)

성장 동력

국제무역은 세계의 경제 생산보다 더 빠른 속도로 확장 중이다. 국제무역은 경제 성장의 주요 '동력' 중 하나인 것으로 여겨진다.

세계 무역 추이

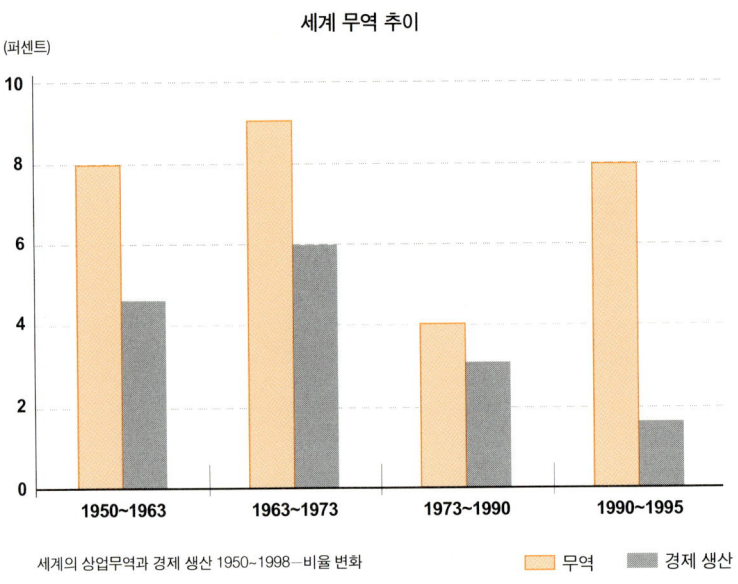

세계의 상업무역과 경제 생산 1950~1998―비율 변화   무역 경제 생산

▶ 출처―*Annual Report 1996*, World Trade Organization, Geneva.

금본위제

1930년대의 대공황 발생 이전에 금은 큰 규모의 교역국 대부분이 보편적 교환 수단으로 인식하고 받아들였던 가치를 가지는 금속이었다. 교환 수단이 금으로 이전되기 시작한 시기는 국제무역이 폭발적으로 증가했던 산업혁명기였다. 1816년 영국이 최초로 금본위제를 채택했고 1872년 미국이 그에 동참했으며 1900년이 되면 세계의 대부분이 참여하게 된다.

각국 통화는 대부분 금으로 상환이 가능했다. 대부분의 지폐에는 다음과 같은 문구가 담겨 있었다. '은행은 이 지폐 소유자가 요구하는 즉시' 해당량의 금을 '지급할 것을 약속 드립니다.' 이 말은 당신이 원한다면 은행에 찾아가 지폐 액수에 상응하는 금을 요구할 수 있음을 의미했다.

이 말은 또한 모든 국가들이 금 1온스(1온스=28그램)를 기준으로 자국 통화가치를 설정했다는 것을 의미한다. 이 방법은 국민 무역 계정을 안정시키는 데 편리했다. 그리고 고정금본위제는 외국환 시세와 국내 경제 모두를 안정시킬 것으로 예상되었다. 한 나라의 부는 금고에 보관한 금의 양으로 측정할 수 있었고, 운이 좋아 막대한 금이 매장한 지역에 위치한 국가들은 불공정해 보이긴 했지만, 아무튼 이득을 누렸다.

금이 고정된 기준으로 존재하기 때문에 국제무역의 변동을 유지하는 것이 비교적 수월했다. 수입이 수출을 초과한 나라는 계정 잔액을 맞추기 위해 빚을 진 나라에서 금을 실어오기만 하면 되었다. 금 보유고가 하락하면 정부는 시중의 통화량을 줄일 수밖에 없다. 화폐를 금으로 교환할 수 있었기 때문에 정부와 은행은 내줄 수 있는 금의 양만큼만 화폐가 유통되기를 바랐다. 시중에 화폐가 줄어들면 가격이 하락하고, 국내 경제활동이 위축되며 수입이 줄어드는 경향을 보인다. 금을 받는 입장의 나라에서는 정반대의 효과가 나타난다. 정부는 금고에 증가하는 금의 양에 맞추어 보다 많은 현금을 국내 경제에 유통시키게 될 것이며 가격 상승 경향이 나타나게 된다.

1930년대의 대공황과 더불어 각국은 무역 상대국에 대한(수출품을 더 싸게 만드는 등의) '비교우위'를 누리기 위해 자국 통화를 '평가절하'하는 시도를 함으로써 금본위제를 포기하기 시작했다. 제2차 세계대전 종전 후 금연동제를 수정하려는 시도가 있었다. 미국은 달러화 가치를 금 35분의 1온스(0.9그램)에 연동시키면서도 현금 보유자가 금으로 교환을 요구할 수 없도록 제도를 바꾸고 금화의 유통을 금지했다. 이 제도는 1973년 리처드 닉슨 미국 대통령이 해외에서 고정 환율로 보유했던 달러화에 대한 금태환을 중지시키게 될 때까지 유지되었다. 이 시점부터 금은 단순한 상품에 지나지 않게 되었으며 그 가격도 수요공급의 법칙에 의해 결정되게 된다. (국제통화기금을 포함해) 많은 나라들이 여전히 막대한 양의 금을 보유하고 있으며 때로 일정량의 금이 매매를 위해 시장에 나오지만 판매자들은 금이 시장에 넘쳐나서 국제 금 가격이 폭락하는 사태를 막기 위해 매우 신중하게 행동한다.

보이지 않는 아프리카 살인범들

마크 라이너스(Mark Lynas, 환경과 개발 문제를 주로 다루는 자유기고가)

잠비아 전역에서 수많은 사람들이 소리 없이 죽어가고 있다. 불시에 닥친 자연 재해 때문이 아니다. 정체불명의 서구 계획가들의 강요에 못 이겨 시행한 경제정책의 결과 때문이다. 자신들이 어떤 혼란을 일으켰는지 알 턱이 없는 세계은행과 국제통화기금이 아프리카의 파산국들에게 구조 조정 프로그램을 강요해 온 지도 이십 년이 넘었다. 아프리카의 거의 모든 나라가 이 같은 상황에 처해 있다.

빈곤 퇴치 단체인 '변화를 바라는 여성들Women for Change'의 사무국장 에밀리 시카즈웨Emily Sikazwe는 "구조 조정이 미친 충격에 대해 알고 싶다면 루사카의 대학 부속 병원(University Teaching Hospital in Lusaka, UTH)에 가 보라."고 말한다.

이 도시 최대 규모의 대학 부속 병원에서 사람들이 북적이는 병동에는 수척한 환자들이 침구가 모자라 제대로 덮지도 못한 채 떨고 있다. 주변은 콩과 옥수수로 만든 부실한 병원식을 보충하기 위해 개별적으로 음식을 만들어 먹이는 환자 가족들로 북적인다. 또 다른 병동에는 작은 침대에 열 지어 누운 아이들이 결핵, 말라리아, 폐렴 같은 예방할 수 있는 질병을 앓다가 죽어 간다.

건물의 반대편의 청결하고 깨끗한 다른 병동의 침상은 절반이나 비어 있다. 이곳은 십만 크와차(40달러)의 보증금을 낼 수 있는 사람들이 조금 더 나은 생존 가능성을 구매할 수 있는 유료 구역이다. 이것이 바로 세계은행 관료들이 말하는 '이용자 부담' 의료 서비스의 실상이다.

미시시Misisi 빈민촌에서는 다섯 명 중 네 명이 실업자다. 이들은 세계은행과 국제통화기금의 경제 전문가들이 잠비아의 공공 부문이 '비대하므로' 민영화의 도움이 필요하다고 결정한 뒤 생겨난 실업자군의 일부이다. 매각된 국영기업 중 절반은 매각 이후 파산했고 그 여파로 수천 명이 실업자가 되었다. 남편을 잃고 다섯 아이의 생계를 책임지고 있는 에스나트 반다Esnart Banda는 역경을 딛고 생존하기 위해 투쟁하고 있다. 그녀는 미시시 인근 시장에서 채소를 팔아 하루 2천 크와차(0.6달러)를 번다. 아이들에게 하루 한 끼밖에 먹이지 못하는 날이 많다. 게다가 막내는 결핵을 앓고 있다. 잠비아의 아동 중 40퍼센트는 만성 영양실조에 시달리며 그녀의 아이들 역시 예외는 아니다.

에밀리 시카즈웨는, "아프리카의 발전은 국민들이 참여할 때만이 가능하다."고 말한다. 최근 잠비아의 비정부기구들이 여기에 관심을 집중하고 있다. 비정부기구들은 아프리카 인들이 자신들의 나라를 어떻게 운영할지 스스로 결정하도록 자율권을 주어야 한다고 요구한다. 하지만 국제통화기금과 세계은행의 경제 전문가들이 이 요구를 심각하게 받아들인다면 워싱턴의 화려한 사무실을 떠나 루사카로 가야 하며, 정말 생각이 있는 사람들이라면 대학 부속 병원과 미시시에 가야 한다. 그리고 이번만큼은 그곳 사람들이 하는 말에 귀를 기울여야 한다.

북반구에 대한 남반구의 채무 상환

　1990년대에 늘어난 채무의 대부분은 기존 부채의 이자를 갚기 위해 진 빚으로, 생산적 투자나 빈곤 퇴치에 활용되지 못했다. 1990년부터 1997년까지 8년 중 개발도상국의 차입금보다(이자와 원금을 합친) 상환금이 많았던 경우는 6년이나 된다. 가난한 남반구에서 부유한 북반구로 이전된 총금액은 7백7십억 달러다.

대외 채무—발생 채무와 상환액(개발도상국 전체) 1990-1997

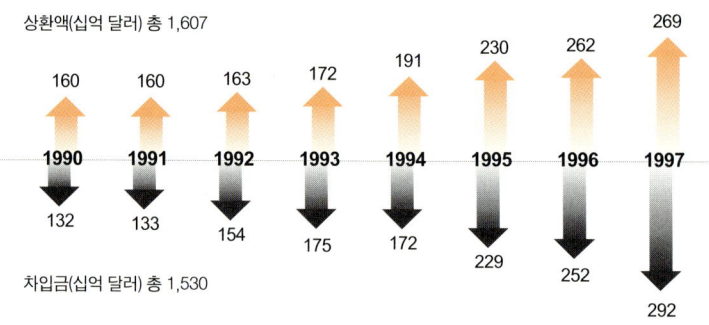

상환액(십억 달러) 총 1,607

	1990	1991	1992	1993	1994	1995	1996	1997
상환액	160	160	163	172	191	230	262	269
차입금	132	133	154	175	172	229	252	292

차입금(십억 달러) 총 1,530

▶ 출처—World Develop Report 1998~1999, World Bank.

기업의 지배

전 지구적 거대 기업은 그 어느 때보다 강력해지고 있다. 이들은 각국의 규제 권력을 손상시키고 있으며 자신의 미래를 스스로 결정할 시민들의 권리도 아랑곳 하지 않는다.

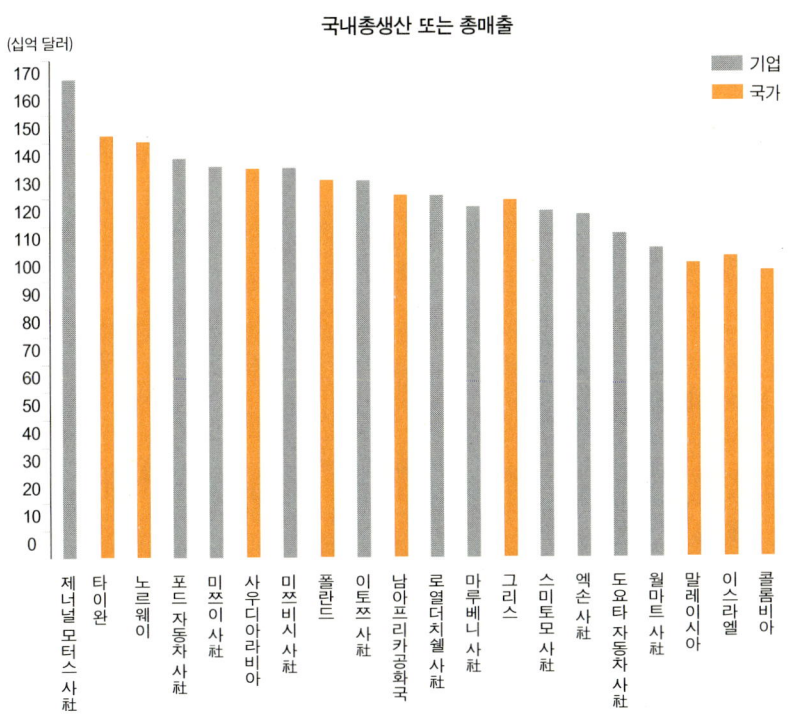

국내총생산 또는 총매출

(십억 달러)

범례:
■ 기업
■ 국가

세로축: 0, 10, 20, 30, 40, 50, 60, 70, 80, 90, 100, 110, 120, 130, 140, 150, 160, 170

가로축: 제너럴모터스社, 타이완, 노르웨이, 포드자동차社, 미쯔이社, 사우디아라비아, 미쯔비시社, 폴란드, 이토쯔社, 남아프리카공화국, 로열더치쉘社, 마루베니社, 그리스, 스미토모社, 엑손社, 도요타자동차社, 월마트社, 말레이시아, 이스라엘, 콜롬비아

▶ 출처—*Human Development Report 1999*, UN Development Program/Oxford University Press.

불가사리 주식회사

세계화는 기업 인수 합병에 광란의 불을 붙였다. 새로 등장한 공룡 기업은 경쟁을 위협하고 독점의 위험을 증가시켰다.

1997년 1조 6천억 달러 이상의 돈이 기업 인수 합병에 사용되었다. 총 거래 건수 중 58건의 거래는 각기 십억 달러 이상의 가치를 갖는 거래였다. 대부분의 인수 합병은 금융 서비스, 통신 기술, 보험, 생명공학, 미디어 부문에서 발생했다.

빅딜

구매한 회사	인수된 회사	가치(십억 달러)
보다폰 에어터치 사社	마네스만 사社	183
엑손 사社	모빌 사社	80
글락소 웰컴 사社	스미스클라인 비첨 사社	76

연간 인수 합병 건수는 1990년에서 1997년 사이 두 배로 증가했고 시가 총액은 2천3백6십억 달러에 이른다.

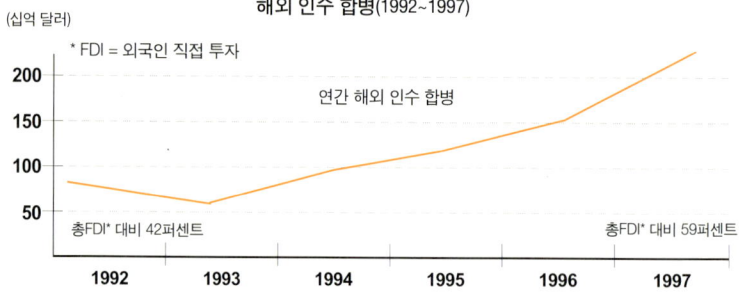

해외 인수 합병(1992~1997)

(십억 달러)

* FDI = 외국인 직접 투자

연간 해외 인수 합병

총FDI* 대비 42퍼센트   총FDI* 대비 59퍼센트

▶ 출처―*Human Development Report 1999*, Un Development Program / Oxford University Press.

기업 권력에 대하여

*비판적 저술가 데이비드 코르텐의 기업 권력에 대한 성찰

기업들이 제시하는 빈곤 해결책은 성장을 촉진해 모두를 위한 부를 더 많이 창출하자는 것인데요, 이러한 접근 방식이 제대로 실행될 것으로 보십니까?

▶ 경제성장이 빈곤을 줄였다는 증거는 찾기 힘듭니다. 1950년 이래 전 세계의 경제적 산출은 다섯 배 늘었지만 절대 빈곤에 허덕이는 사람들 또한 두 배 늘었습니다. 성장하기 위해 사람들이 생태계에 요구하는 양은 폭증해 지구의 지탱 능력을 넘어서고 있습니다. 이것은 두 가지 의미를 가집니다. 우선 자연 체계를 재생산해 내는 지구의 능력을 파괴하는 속도를 높입니다. 그리고 남은 자원에 대한 부자와 빈자 사이의 다툼을 심화시킵니다. 저는 국민총생산(Gross National Product, GNP)이란 경제적 권력을 지닌 자들이 경제적 약자들로부터 자원을 빼앗아 와 즉시 부자들의 쓰레기로 전락할 상품으로 전환시킨 정도를 측정하는 척도 정도로 생각합니다.

기업 경영자들과 그들을 지원하는 정부는 자유무역과 시장 개방이 효율적인 시장 체계를 이룩할 유일한 길이라고 주장합니다. 업계의 생각이 최선책일까요?

▶ 엄밀히 말해 근대 기업이란 경제 권력을 집중시키기 위해, 그리고 권력을 사용하는 사람들이 그 결과에 책임지지 않으면서 권력을 사용할 수 있도록 보호하기 위해 특별히 고안된 것입니다. 북미자유무역협정이나 관세와 무역에 관한 일반협정 같은 자유무역협정은 진정한 무역협정이라고 할 수 없습니다. 이들은 전 지구적 기업이 상품이나 투자를 자신들이 원하는 곳이면 어디로든, 공공의 방해나 공공에 대한 책임에 구애받지 않고 이동시킬 권리를 보장해 주려고 체결된 경

제 통합 협정이라고 하는 것이 맞습니다.

기업은 기술을 도입해 노동자 대신 활용해 더 많은 힘을 행사하게 되었습니다. 각국 정부들은 기업에게 세금 혜택을 주는 것도 모자라 기업 운영에 쓸 보조금을 직접 제공할 수밖에 없는 처지로 전락했습니다. 이것이 전 지구적 경쟁의 진정한 실체입니다. 서로 경합하는 공동체와 노동자들이 세계에서 최강의, 최대 수익을 내는 기업들의 생산 비용보다 많은 돈을 대신 부담하는 셈입니다.

지속 가능한 성장이 가능하다고 보십니까?

▶ 저는 '녹색 성장'이란 어불성설이라고 생각합니다. 규제가 철폐된 시장경제에서 전 지구적 기업은 단 하나의 주인만 섬깁니다. 이들이 섬기는 주인은 단기적 수익 극대화를 통해 가능한 한 높은 주가를 유지하라고 끊임없이 요구하는 흉포한 금융 체계이지요. 이 요구에 부응하는 한 가지 방법은 기업 운영 비용을 최대한 많이 공동체에 전가하는 것입니다. 비용은 외부화하고 기업 운영을 통해 얻은 것은 자기 것으로 만들기 위함입니다. 현재와 같이 규제가 철폐된 시장경제에서 녹색 기업은 살아남는 것조차 불가능합니다. 경쟁하는 다른 기업들이 비용을 내부화할 리 없기 때문입니다. '녹색' 기업을 운영하려고 시도한다면, 비용을 외부화하고 단기간에 큰 수익을 낼 기회를 찾던 기업 사냥꾼들이 이 기업을 금세 접수할 것입니다.

돈 놀이

외국환시장에서 도박을 벌인 전 지구적 은행 중 상위 15위까지의 순위와 시장 점유율.

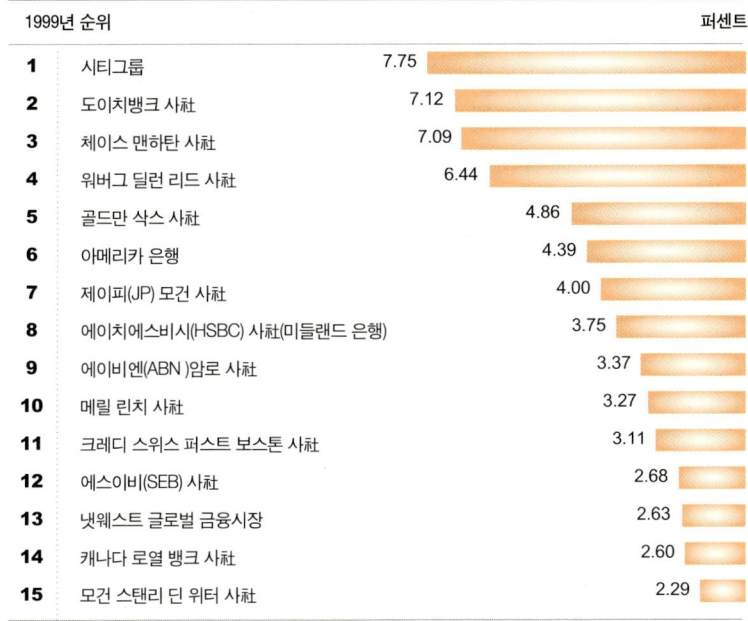

1999년 순위		퍼센트
1	시티그룹	7.75
2	도이치뱅크 사社	7.12
3	체이스 맨하탄 사社	7.09
4	워버그 딜런 리드 사社	6.44
5	골드만 삭스 사社	4.86
6	아메리카 은행	4.39
7	제이피(JP) 모건 사社	4.00
8	에이치에스비시(HSBC) 사社(미들랜드 은행)	3.75
9	에이비엔(ABN)암로 사社	3.37
10	메릴 린치 사社	3.27
11	크레디 스위스 퍼스트 보스톤 사社	3.11
12	에스이비(SEB) 사社	2.68
13	냇웨스트 글로벌 금융시장	2.63
14	캐나다 로열 뱅크 사社	2.60
15	모건 스탠리 딘 위터 사社	2.29

▶ 출처─*The Global Gamblers, British Banks and the Foreign Exchange Game*, War on Want, London, 1999.

■ 1장

1. *The Conquest of Paradise:Christopher Columbus and the Columban Legacy, Kirkpatrick Sale*, Knopf, New York 1990.
2. *The Ecologist*, Vol 29, No 3, May/June 1999.
3. *When Corporations Rule the World*, David Korten, Kumarian/Berret-Koehler, West Hartford/San Francisco, 1995.
4. *Human Development Report 1999*, United Nations Development Program, New York/Oxford, 1999.

■ 2장

1. 'WTO must correct imbalance against South' , Martin Khor, Third World Network Features, October 1999.

■ 3장

1. 'Take the hit!' by Joesph Hanlon, *New Internationalist*, No 312, May 1999.
2. *Economic Justice Report*, Ecumenical Coalition for Economic Justice, Vol X, No 4, December 1999.
3. 'How Bretton Woods re-ordered the world' , *New Internationalist*, No 257, July 1994.
4. 'Debt: the facts' , *New Internationalist*, No 312, May 1999.
5. *The Independent*, London, Feb 1, 1999.
6. 'Conditioning debt relief on adjustment: creating conditions for more indebtedness' , Development GAP, Washington 1999.
7. *Economic Justice Report*, Ecumenical Coalition for Economic Justice, Vol X, No 4,

December 1999.

■ 4장

1. 'The March of the monoculture', Helena Norberg-Hodge, *The Ecologist*, Vol 29, No 2. May/June 1999.
2. *Jihad vs McWorld*, Benjamin R Barber, Ballantine Books, New York, 1995.
3. *Human Development Report 1999*, UN Development Program, New York/Oxford, 1999.
4. 'A short history of neo-liberalism', Susan George, the conference on Economic sovereignity in a globalizing world 표 논문, Bangkok, March 1999.
5. 다자간투자협정에 저항하는 투쟁에 관한 내용은 다음 문헌에서 많은 도움을 받았다. *MAI Round 2: new global and internal threats to Canadian sovereignty*, Tony Clarke and Maude Barlow, Stoddart, 1998.
6. 다자간투자협정에 저항하는 투쟁에 관한 내용은 다음 문헌에서 많은 도움을 받았다. *MAI Round 2: new global and internal threats to Canadian sovereignty*, Tony Clarke and Maude Barlow, Stoddart, 1998.
7. *The globalization of poverty*, Michel Chossudovsky, Third World Network, 1997.

■ 5장

1. *The Global Gamblers*, British Banks and the Foreign Exchange Game, War on Want, London, 1999.
2. 'Domesticating Markets: A social justice perspective on the debate over a new global financial architecture', by Walden Bello, *Multinational Monitor*, March 1999.
3. 월든 벨로의 하원금융위원회 증언, US House of Representatives, April 21, 1998.
4. *Human Development Report 1999*, UN Development Program/Oxford University Press.
5. Oxfam *East Asia Briefing*, www.oxfam.org.uk/policy/eabrief 참고.(현재는 찾아볼 수 없음. 옮긴이)

6. 'Globalization for Whom?', Mark Weisbrot, Research Director, Preamble Center에서 인용. www.preamble.org/globalization(현재는 찾아볼 수 없음. 옮긴이)

7. 'Asian Crisis Spurs Search for New Global Rules', *Economic Justice Report*, July 1998에서 인용.

8. 'The Case for National Economic Sovereignty', Mark Weisbrot, Third World Network Features, July 1999.

9. 'The Capital Myth: the difference between the trade in widgets and the trade in dollars', Jagdish Bhagwati, *Foreign Affairs*, May/June 1998.

■ 6장

1. *The Globe and Mail*, Toronto, April 15, 2000.

2. *Our Ecological Footprint: reducing human impact on human health*, Mathis Wackernagel and William Rees, New Society Publishers, 1996.

3. *The global economy is a doomsday machine*, Kalle Lasn에서 인용. www.adbusters.org/campaigns/economic-globaldoomsday.html을 참고하라.(현재는 찾아볼 수 없음. 옮긴이)

4. 'Brazil's sick economy infects the ecosystem', Anthony Faiola, *Guardian Weekly*, April 25, 1999.

5. 'The end of Miracle', Walden Bello, *Multinational Monitor*, Jan/Feb 1998.

6. *The Globe and Mail*, Toronto, April 15, 2000.

7. 'No mean feat to crack down on tax havens', Madelaine Drohan, *The Globe and Mail*, Toronto, April 12, 2000.

8. 'The meek fight for their inheritance', Katharine Ainger, *Guarduan Weekly*, Feb 12, 1999.

9. 'Robbing Russia', *The Nation*, October 4, 1999.

10. *Mortgaging women's lives*, P Sparr, Zed Press, 1994.

11. *Mortgaging women's lives*, P Sparr, Zed Press, 1994.

■ 단행본

False Dawn: the delusions of global capitalism, John Gray (Granta Books, London, 1998)

For the Common Good, Herman E Daly and John B Cobb Jr, (Beacon Press, Boston, 1989)

Human Development Report 1999 (Globalization with a human face), UN Development Program (OUP, New York, 1999) / 한국판─『인간개발보고서, 1999: 인간중심의 세계화』, 국제연합개발계획 한국대표부 옮김, 국제연합개발계획 한국대표부, 2000.

Jihad vs McWorld, Benjamin R Barber (Ballentine Books, New York, 1995) / 한국판─『지하드 대 맥월드』, 박의경 · 이진우 옮김, 문화디자인, 2003.

MAI: Round 2, Tony Clarke & Maude Barlow (Stoddard Publishing, Toronto, 1998)

Our Ecological Footprint, Mathis Wackernagel and William Rees (New Society Press, Global Island, BC, 1997)

Panic Rules. Everything you need to know about the global economy, Robin Hahnel (South End Press, Cambridge, MA 1999)

Taming Global Finance: a better architecture for growth and equity, Robert Blecker (Economic Policy Institute, Washington, 1999)

The Cancer Stage of Capitalism, John McMurtry (Pluto Press, London, 1999)

The Conquest of Paradise, Kirkpatrick Sale(Knopf, New York, 1990)

The Crisis of Global Capitalism, George Soros (Perseus Books, 1998) / 한국판—『세계자본주의의 위기: 열린사회를 향하여』, 형선호 옮김, 1998, 김영사.

The Post-Corporate World: life after capitalism, David Korten (Kumarian and Berrett-Koehler, San Francisco, CA and West Hartford, CT 1999)

Unequal Freedoms: The global market as an ethical system, John McMurtry (Garamond, Toronto, ON and Kumarian, West Hartford, CT 1998)

Your Money or Your Life! the tyranny of global finance, Eric Toussaint (Pluto Press, London, 1999)

■ 정기간행물/소논문

Economic Justice Report, Ecumenical Coalition for Economic Justice, 947 Queen St E, Ste 208, Toronto, ON Canada M4M 1J9

Dollars and Sense, One Summer St, Somerville, MA 02143, USA

CCPA Monitor, #410 - 75 Albert St, Ottawa, ON K1P 5E7, Canada

Multinational Monitor, 1530 P St., NW, Washington DC, USA 20005

'Globalization and Employment', Panos Briefing No 33, London, May 1999

'Globalization for Whom?', Mark Weisbrot, Preamble Center, Washington DC, 1998

'Economic Sovereignty in a Globalizing World', framework paper for global financial architecture, Walden Bello, Kamal Malhotra, Nicola Bullard, Marco Mezzera, Bangkok 1999

The New Internationalist **www.newint.org**

■ 국제단체

1. 남반구를 주목하라Focus on the Global South

▶방콕에 위치. 남반구 전역에서 폭넓은 관계망을 형성하고 있으며 연구 활동과 권익 신장을 위해 활동.

주소 CUSRI, Chulalongkorn University, Bangkok 10330, Thailand.

전화 +66 2 218 7365　팩스 +66 2 255 9976　홈페이지 www.focusweb.org

2. 세계화국제포럼International Forum on Globalization

▶남북반구를 아우르는 40개국의 반세계화 비정부기구 및 활동가들의 느슨한 네트워크.

주소 1009 General Kennedy Avenue #2, San Francisco, CA 94129, USA

전화 +1 415 561 7650　팩스 +1 415 561 7651　홈페이지 www.ifg.org

3. 제3세계 네트워크Third World Network

▶남반구 비정부기구들의 연대로 연구와 출판 및 직접 행동에 초점을 두고 활동하는 단체다. 효과적인 국제 로비 활동을 펼치고 있으며 동시에 막강한 분석력을 자랑한다.

Third World Network, 121-S, Jalan Utama, 10450 Penang, Malaysia.

전화 +60 4 226 6728/6159　팩스 +60 4 226 4505　홈페이지 www.twnside.org.sg

4. 옥스팜Oxfam International

▶ 빈곤 퇴치 및 원조 단체. 광범위한 사안에 관심을 보이며 탁월한 연구 수행 능력을 보유하고 있으며 풀뿌리 활동의 경험이 풍부하다. 120개국에서 프로젝트를 수행하며 11개국에 독립적인 옥스팜이 활동 중. 지역별 활동은 지역별 홈페이지를 참조.

홈페이지 http://www.oxfam.org

5. 국제금융관세연대
(Association for the Taxation of financial Transactions for the Aid of Citizens, ATTAC)

▶ 1998년 프랑스에서 출범한 국제단체. 통화 투기에 대한 국제적 과세 및 신자유주의 경제 의제의 철회 요구.(각 지역 연락처와 더 많은 정보는 홈페이지 참조.)

홈페이지 www.attac.org

■ 뉴질랜드

1. 주빌리 2000Jubilee 2000/ 부채 탕감 네트워크Debt Action Network

▶ 제3세계 부채 탕감 활동을 펼치고 있으며 교회를 기반으로 한 국제 운동 단체.

주소 PO Box 22-652 Wellington 6020 New Zealand

전화 +64 (3) 366 9274   팩스 +64 (3) 365 2919

홈페이지 http://www.debtation.org.nz

■ 오스트레일리아

1. 해외 원조를 위한 오스트레일리아 위원회Australian Council for Overseas Aid

▶ 전 지구적 투기에 대한 과세와 부정의한 세계 경제 질서를 변화시키기 위한 광범

위한 비정부기구 활동을 대표하는 연대.

주소 14 Napier Close, Deakin, ACT 2600

전화 +61 (2) 6285 1816 팩스 +61 (2) 6285 1720

■ 캐나다

---

1. 캐나다 위원회 Council of Canada

▶ 국가 주권 문제와 세계화 및 자유무역 반대 활동을 펼치는 전국 조직.

주소 700-170 Laurier Avenue West, Ottawa, ON K1P 5V5 Canada

전화 +1 613 233 2773/1 800 387 7177 팩스 +1 613 233 6776

홈페이지 www.canadians.org

2. 핼리팩스 이니셔티브 Halifax Initiative

▶ 외환 거래와 금융 투기에 대한 전 지구적 과세를 추진하는 비정부기구 연대.

주소 153 rue Chapel St., Suite 104, Ottawa, ON K1N 1H5 Canada

전화 +1 613 789 4447 팩스 +1 613 241 4170

홈페이지 http://www.halifaxinitiative.org

3. 정책 대안을 찾는 캐나다 센터 Canadian Centre for Policy Alternatives

▶ 연구뿐 아니라 활동도 겸하는 독립적인 정책 연구소. 자유무역 및 기업 의제를 포함해 세계화에 관련된 광범위한 분야의 출판 활동을 한다.

주소 #410, 75 Albert Street, Ottawa, ON K1P 5E7

전화 +1 613 563 1341 팩스 +1 613 233 1458

홈페이지 www.policyalternatives.ca

■ 영국

1. 세계발전운동World Development Movement

▶ 영국의 대외 정책, 제3세계 부채, 세계화에 초점을 맞춰 활동하는 교육 및 활동가 조직.

주소 25 Beehive Pl., London SW9 7QR UK

전화 +44 020 7737 6215 팩스 +44 020 7274 8232

홈페이지 www.wdm.org.uk

2. 빈곤과의 전쟁War on Want

▶ 전 지구적 통화 거래세 부과를 요구하는 활동가 모임.

주소 Development House 56-64 Leonard Street London EC2A 4LT

전화: +44 020 7549 0555 팩스: +44 020 7549 0556

홈페이지 www.waronwant.org

■ 미국

1. 식량과 발전 연구소(식량이 우선이다)Institute for Food and Development Policy(Food First)

▶ 식량 및 농업 정책, 빈곤과 세계화를 중심으로 연구 활동과 권익 신장 활동을 하는 단체로 긴 역사를 가지고 있다.

주소 398 60th St., Oakland, CA 94618 USA

전화 +1 510 654 4400 팩스 +1 510 654 4551

홈페이지 www.foodfirst.org

2. 50년이면 충분하다50 Years Is Enough Network

▶ 국제통화기금, 세계은행, 세계무역기구를 해체하거나 개혁하려는 목표를 지닌

시민단체 연대. 국제적으로 유사한 단체들과 연계해서 활동한다.

주소 3628 12th St NE, Washington, DC 20017 USA

전화 +1 202 463 2265 팩스 +1 202 544 9359

홈페이지 www.50years.org

3. 무역과 농업 정책 연구소Institute for Trade and Agricultural Policy

▶지속 가능한 농업 및 무역 정책을 둘러싼 반세계화 연구 및 전략 수립.

주소 2105 First Ave South, Minneapolis, MN 55404

전화 +1 612 870 0453 팩스 +1 612 870 4846

홈페이지 www.iatp.org

4. 퍼블릭 시티즌Public Citizen/ 전 지구적 무역 감시Global Trade Watch

▶기업 주도의 세계화를 비판하며 전 지구적 경제 구조와 미국 경제 정책의 개혁
을 위한 교육 활동과 로비 활동을 펼치고 있다.

주소 1600 20th Street, NW Washington, DC 20009

전화 +1 202 588 1000 팩스 +1 202 547 7392

홈페이지 www.citizen.org

책

『더 나은 세계는 가능하다―세계화, 비판을 넘어 대안으로』

세계화국제포럼 지음, 이주명 옮김, 필맥

세계화국제포럼은 경제 세계화가 문화, 사회, 정치 환경에 끼치는 영향을 분석하고 비판한다. 선진국과 개발도상국의 주요 활동가, 경제 이론가, 학자, 연구자들이 참여하고 있다. 기업이 주도하는 지금의 세계화는 불가피한 것이 아니며, 더 나은 대안의 세계를 만들 수 있다는 신념을 갖고 쓴 글을 엮었다. 2003년에 출간했던 책의 개정판이다.

9.11 테러와 이라크 전쟁 이후 극적인 변화를 거친 세계 정세와 새롭게 대두한 세계 시민사회의 역할과 성과에 주목하고, 이로 인해 세계화 논의가 직면한 새로운 쟁점을 두고 이야한다. 무역, 금융, 생산, 문화, 정치, 환경 등의 영역에서 이루어지고 있는 세계화를 분석하고, 그에 대한 단순한 비판을 넘어서 구체적인 대안을 제시하는 책이다.

『세계화의 두 얼굴―세계화 시대의 양극화를 넘어서는 길』

로버트 아이작, 강정인 옮김, 이른아침

세계화와 불평등, 그리고 양극화 문제에 대한 비판서다. 세계화가 국가 간, 계층 간에 빈부 격차를 심화시킨 까닭을 이야기하고 그 해법을 모색한다. 부자들이 세계화 물결을 타고 어떻게 세계 경제를 장악했는지, 그리고 가난한 사람들이 어떻게 끝없는 빈곤의 나락에 빠져들었는지를 분석한다. 역사적으로 세계화 현상의 기원을 추적하면서, 세계화가 초래한 경제적 위기를 극복하고 부유한 나라와 가난한 나라의 양극화를 해결할 수 있는 길은 무엇인지 보여 준다.

『마초로 아저씨의 세계화에서 살아남기―만화로 보는 자본주의와 세계화의 역사』

엘 피스곤, 김명신 옮김, 부광

멕시코의 저명한 정치 풍자만화가 엘 피스곤의 만화로 보는 세계화 이야기다. 무거운 주제를 유쾌하고 빠르게 진행시켜, 자본주의의 태동에서부터 세계화 시대까지 세계경제가 어떻게 발전해 왔고 현재 어떻게 움직이고 있는지 보여 주고 있다. 소수의 사람들이 막대한 이득을 챙기는 동안 가난과 굶주림, 이주, 전쟁 등의 고통을 겪고 있는 나머지 사람들의 이야기를 웃음과 해학으로 승화시켰다.

엘 피스곤의 정교한 그림들은 미술과 만화의 역사를 엿볼 수 있게 하며, 부자가 되는 법을 가르치기보다는 많은 사람들이 왜 가난하게 살아가는지 그 이유를 가르쳐 준다. 거리의 떠돌이 마초로가 미국의 국경선을 넘어 세계화 시대에 살아남는 '비열한' 법을 배우는 장면들은 세계화에 대한 통렬한 비판이다.

『한미 FTA 폭주를 멈춰라』

우석훈, 녹색평론사

한미 FTA의 다양한 부정적 효과들을 분석, 비판하고 앞으로 한국이 어떻게 대응해야 하는지 밝혔다. 경제학자로서 기업과 정부 기관에서 실물 경제 정책에 참여했던 경험을 가지고 있는 지은이가 때로는 협상가의 시각에서, 정부 실무자의 시각에서, 그리고 일반 국민의 시각에서 한미 FTA를 알기 쉽게 분석했다. 한미 FTA가 체결될 경우 법률 회사, 은행, 공무원, 건설 회사에 이르기까지 다양한 직종에서 벌어질 변화와 수도권 각 지역의 아파트 가격에 미칠 영향까지 꼼꼼한 시각으로 생생하게 예측하고 있다.

정부가 한미 FTA의 부정적 효과를 검토하기 위해서 한미 FTA의 최종 조인을 늦춰야 그 부정적 효과를 최소화할 수 있다고 주장하면서 9차 개정헌법에 명시되어 있는 '국민투표'를 활용할 것을 제안한다.

『야만의 주식회사 G8을 말하다―소수의 탐욕을 위해 다수의 희생을 강요하는 그들만의 '신자유주의' 그 허울을 발가벗긴다!』

노암 촘스키, 수전 조지 외 지음, 데이비드 밀러, 질 하버드 엮음, 이종인 옮김, 시대의창

신자유주의, 세계화 등의 기치를 앞세워 전 세계의 자유무역 시스템을 강화하고 있는 집단 선진 8개국 정상회담(G8)에 저항하는 목소리를 담았다. 전쟁, 민주주의, 무역, 보건, 아프리카, 환경, 식량 안보 등 다양한 분야에서 선진 8개국 정상회담(G8)이 추종하는 신자유주의의 본질을 분석하면서 이들이 범죄 집단과 다름없다고 주장한다. 가난한 나라들에게 시장 개방을 요구하는 불합리한 자세와 다국적기업의 이익을 대변하는 각국 정부의 이해관계 본질을 파헤쳤다. 선진 8개국 정상회담(G8)의 지배로 인해 피해를 입는 사람들의 모습을 자료와 통계로 보여 주며, 신자유주의와 세계화에 반대하는 이들이 풀어내는 새로운 희망에 대해서도 이야기하고 있다.

낙원을 팝니다―지구의 미래를 경험한 작은 섬 나우루

존 M. 고디, 칼 N. 맥대니얼 지음, 이섬민 옮김, 여름언덕

한정된 자원을 팔기만 하고, 섬을 망가뜨린 나우루의 이야기는 우리 세계의 축소판이다. 우리가 지금과 같은 방식으로 계속 살아간다면 어떤 결과가 기다리고 있는지, 이보다 더 잘 보여 주는 사례는 없을 것이다. 이 책은 오스트레일리아와 하와이 사이에 있는 작은 섬 나우루 사람들이 서구 세계와 만나 화폐경제를 알게 되고, 세계와 무역하기 시작하면서 변해 가는 모습들을 구체적으로 보여 준다.

2천 년 넘게 사회적, 생태적 안정을 유지하던 나우루를 점령한 강대국들이 인광석을 채굴하며 섬을 황폐화시키는 과정에서 섬사람들이 대가로 얻게 된 것은 비만과 당뇨, 심장병이 만연한 현실이다. 이를 통해 우리는 개발 만능이 불러올 수 있는 끔찍한 내일을 확인할 수 있다. 국제통화기금이나 세계은행의 경제 운용 방침과 절묘하게 맞아떨어지는 나우루의 개발 과정을 통해 우리는 지금이라도 세계화의 폐해를 정확하게 인식해야 한다.

영화

블러드 다이아몬드

에드워드 즈윅 감독, 2006년

세계 최고 품질의 다이아몬드 생산지 시에라리온은 1991년부터 11년 동안 광산을 차지하려는 정부군과 반군 사이에 처절한 살육전이 펼쳐진 곳이다. 세계에서 가장 가난한 나라 중의 하나지만 다이아몬드와 보크사이트, 철광석 등 천연자원 매장량은 아주 많은 나라다. 몇몇 정부 관료에게 부가 독점되고 빈부 격차가 심화되면서 군사 쿠데타가 반복됐다. 이런 정치적 상황을 배경으로, 미국 용병과 한 어부가 다른 목적으로 서로 만나 같은 다이아몬드를 쫓는다는 이야기다. 아프리카 대륙의 작은 나라에 세계 자본이 주인 행세를 하는 현장을 목격할 수 있고, 무기 밀거래와 테러에 다이아몬드가 어떤 역할을 하는지 보여 준다. 피에 물든 다이아몬드를 두고 벌이는 이전투구, 아들을 구하려는 아버지의 사랑이 관객의 마음을 뜨겁게 하는 영화다.

여름 궁전

로예 감독, 2006년

천안문 사태와 성적 묘사 때문에 중국에서는 상영 불가 판정을 받은 영화다. 감독과 프로듀서에게는 5년 동안 영화 제작 금지령이 내리기도 했다. 영화는 젊은 이상주의자들이 중국의 사회, 경제 개혁을 지나고 신자유주의적 세계화를 통과해 가는 이야기를 담고 있다. 베를린으로, 고향으로, 중국의 여러 도시들로 전전할 수밖에 없었던 방황하는 청춘의 모습을 그려 내면서 광기와 혼돈의 시대를 보여 준다. 중국의 중심부와 변방, 세계의 중심과 변방을 교차시키는 명민한 편집은 상당히 극적이다.

NO-NONSENSE

세계화의 명암, 그리고 저항의 역사

추선영

옮긴이의 글을 써야 한다고 하니 난처합니다. 모두가 세계화라는 말에 너무 익숙하기 때문입니다. 칼국수를 즐겨 먹는 대통령이 '세계화'와 '개혁'을 외치다가 결국 나라를 완전히 뒤집어 놓아 처음으로 어학연수를 가는 세대가 탄생한 이래로 우리의 생활이 되어 버린 세계화에 대해, 저처럼 배움이 짧은 자가 박식한 독자들에게 무슨 말을 한들 이 책을 절실하게 필요한 책으로 느끼게 만들 수 있겠습니까? 그래서 비겁하게도 역사를 앞세워 이야기를 풀어 보려 합니다.

알쏭달쏭 한미자유무역협정

요즘 한미자유무역협정 체결을 둘러싸고 찬반 논란이 한창입니다. 반대 시위는 물론이고, 비록 방송심의를 통과하지 못했지만 한미자유무역협정 공익광고가 등장하자 반대 공익광고도 등장했습니다. 한미자유무역협정 공익광고에 대한 온갖 패러디도

인터넷에 난무하지만, 구태의연한 언론은 연일 한미자유무역협정에 대한 정부 측 입장만을 쏟아 내고 반대하는 사람들의 목소리는 들려주지 않은 채 시위의 해로움에 대해서만 설파합니다. 누구 말이 옳을까 알쏭달쏭하기만 하니 찬성해야 할지 반대해야 할지 난처하신 분들이 많겠지요.

온고이지신溫故而知新

십 년 전으로 돌아가 봅시다. 그때 우리는 외환위기를 겪었습니다. 외국인 투자자들이 동남아시아 경제에 대해 비관하면서 투자자금을 급하게 회수해 가는 바람에 벌어진 외환위기는 동남아시아 전역에 연쇄적으로 떨어진 일대 사건이었습니다. 전조조차 감지하지 못했던 우리는 황급히 국제통화기금에 스스로를 내맡겼지요. 사전에 위기를 감지했더라면 다른 방법을 써볼 수도 있었을 테고 국제통화기금에 구제 금융을 신청하던 시점에서도 그 외의 다른 방법이 전혀 없었던 것은 아니라는 말도 있었지만, 아무튼 칼국수 먹는 사람을 서민과 등치시켰던 대통령의 정부는 국제통화기금의 신탁통치를 쉽게 허락했습니다.

겉보기에는 공정하고 중립적인 기관으로 보이는 국제통화기금은 구조 조정 프로그램이라는 걸 들고 와서 제멋대로 한국 경제를 바꾸었습니다. 국제통화기금이 단행한 여러 개혁 조치를 통해 우리 경제는 국제통화기금을 배후에서 움직이는 미국과 다국적기업에게 유리하게 조정되었습니다. 다국적기업은 해당 국가에서 손쉽게 이득을 내지만 책임 같은 것은 지지 않아도 상관없는 유리한 위치를 차지하게 되었는데, 이른바 '먹튀' 라고 불리는, 외국투자자들이 한국 기업을 사들인 후 벗겨먹고 도망가는 현상이 가능하게 된 것도 구조 조정의 결과 중 하나입니다.

국내에서는 공적 자금을 받아 회생한 기업들이 이득을 보았습니다. 정부가 투입한 공적 자금은 국민의 세금으로 마련한 것이었기에 반드시 회수해야 하는 성격의 자금이었지만 회수는커녕 관리조차 제대로 이루어지지 않았고, 결국 눈먼 돈이 되어 사사로이 개인의 배를 불렸고 제대로 회수되지도 않았습니다.

주가 폭락, 원화 가치 하락, 부도난 기업들, 영문도 모른 채 내쫓긴 노동자들, 그들의 빈자리를 메우면서도 소득은 줄어든 남은 노동자들, 실직 가장을 대신하여 가정을 지켜 낸 여성들이 외환위기가 뒤에 남긴 황량한 풍경입니다. 저 역시 앞서 간 자가 아니라 뒤에 남겨진 황량한 풍경의 일부였습니다. 이 책을 읽으시는 여러분들 중 많은 분들이 저와 비슷하게 풍경의 일부였으리라고 생각합니다. 정작 책임을 져야 할 정부와 관련 부처 장관들은 책임을 지지 않았고, 금 모으기 운동에 동참했던 많은 국민들·회수되지도 않고 대부분이 제 용도에 사용되지도 않은 공적 자금을 위해 어려운 처지에서도 성실히 세금을 납부했던 서민들·직장을 잃고 거리로 내몰렸던 노동자들·소득도 없는 상황에서 온갖 궂은 일을 마다 않고 가정을 지켜 낸 여성들, 즉 국민의 대다수를 차지하는 평범한 노동자와 서민이 정책적 실패의 피해자이면서 비용도 부담했던 것입니다.

타산지석他山之石

다른 산의 나쁜 돌이라도 자기 산의 옥돌을 가는 데에 쓸 수 있다는데, 우리가 몸소 체험한 일이니 약이 아닐 수 없습니다. 당장 발등에 불로 떨어진 한미자유무역협정부터 거들떠봅시다. 이름만 봐서는 서로 '자유'롭게 '무역'하자는, 대등한 당사자 간의 공정한 약속인 듯하지만 실상도 그러할까요? 남보다 못하다는 소리를 하고 싶지 않은 것이 인지상정이라지만 아쉽게도 두 당사국 중 약자는 한국입니다. 협정이 진행된다면 누가 손해를 볼지 냉정하게 생각해 보세요. 불 보듯 뻔한 일입니다. 손해를 보는 협정을 적극적으로, 거의 맹목적이다시피 추진해야 할까요? 우리 정부가 고작 십 년 전의 참상을 벌써 잊어버린 것은 아닐까요? 무책임한 처사입니다.

과거를 잊지 않았다면, 이제 한미자유무역협정에 대한 찬반을 넘어 세계화에 대한 근본적인 물음을 던질 때가 되었습니다. 세계화되지 않은 세계는 불가능한 것인가? 누가 세계화를 필요로 하는가? 세계화의 승자는 누구이고 패자는 누구인가? 세계화의 사회경제적 결과는 무엇이고 누가 그 비용을 감당하는가? 보다 평등하고 민주적인 세계화는 불가능한 것인가, 물어보아야 합니다.

세계화, 거들떠보자

제가 거창하게 역사까지 들먹이며 쓴 글로도 여전히 알쏭달쏭하신 분들은 이 책 『아주 특별한 상식 NN―세계화』를 읽어 보시기 바랍니다. 이 책은 콜럼버스가 신대륙을 발견하면서 시작된 제국의 시대로부터 금융의 세계화가 진행되고 있는 오늘날까지 세계화의 역사를 되짚어 보면서 세계화의 명암과 저항의 역사를 살피고 더 나은 세계로 나아갈 구체적인 대안을 제시하고 있습니다. 작고 가벼우면서도 독자들의 마음을 두둑하게 만들어 줄 이 책은 한미자유무역협정 논쟁을 통해 도대체 세계화가 무엇인지 궁금해지기 시작한 사람부터 세계화를 극복하고자 하는 사람들에 이르는 모든 이들에게 훌륭한 길잡이가 되어 줄 것이라고 확신합니다.

나가며

나름대로 성심성의를 다해 옮겼지만 책이 어렵게 느껴지거나 이해가 안 되는 부분이 있다면 또는 한국어답지 못한 부분이 눈에 띈다면 제가 저자의 의도를 충분히 파악하지 못했거나 한국어 실력이 부족한 탓입니다. 읽는 분들의 너그러운 용서를 구합니다.

다른 언어로 쓴 책을 우리말로 옮긴다는 어려운 작업을 하는 동안 따뜻한 시선으로 바라보아 주셨던 많은 분들께 고마움을 전합니다. 그분들의 격려와 배려가 없었더라면 이 책이 나오기 어려웠을 것입니다. 무엇보다 처음 옮긴 초고를 교열해 주었던, 영국에서 공부 중인 김공회 학형에게 고마움을 전합니다. 경제학 전공자가 아닌 제가 자행한 많은 실수를 바로잡아 주었습니다. 변변한 보상도 없음에도 불구하고 꼼꼼히 잘못을 바로잡아 준 학형의 지적이 없었다면 이 책은 지금보다도 훨씬 많은 오역과 실수투성이로 출판되었을 것입니다. 진심으로 감사드립니다.

2007년 초봄 서울에서
얼마 전 세상을 뜨신 어머니를 기리며

《아주 특별한 상식 NN―세계의 빈곤》

세계의 빈곤, 누구의 책임인가?

제레미 시브룩 지음 | 황성원 옮김 | 값 9,500원

빈곤이 무엇인지, 가난한 나라들이 개발의 대상으로 전락한 까닭은 무엇인지, 과연 저개발 국가들의 자립은 가능한지 따위 질문에 명쾌한 해답을 던져 주는 책이다. 날카롭고 간결하면서 올바른 정치 분석이 담겨 있다.

"세계가 이렇게 부유해졌는데도 가난한 사람들은 왜 전보다 더 많아졌는가? 부유함과 가난에 대한 틀에 박힌 생각은 잘못된 것이다. 제레미 시브룩의 《아주 특별한 상식 NN―세계의 빈곤》은 저자 자신이 직접 부자들과 가난한 사람들을 만나고 체험한 결과를 두고 가난이 뜻하는 바를 요약해 설명하고 있는 책이다. 저자는 가난의 반대편에 있는 것은 부유함이 아니라 '충족'이라고 결론을 짓고 있다. 또한 세계의 가난한 사람들이 목표로 하는 것은 부자가 되려는 것이 아니라 '안전함'이라고 말한다. 경제 성장은 빈곤 문제를 극복하는 것이 아니라 오히려 더 심각하게 만든 책임을 져야 한다고 말한다. 제레미 시브룩의 이야기는 가난에 관해서뿐만 아니라 우리가 살아가야 할 길에 대해서도 기존의 생각을 버리게 만들어 준다." ―『뉴 인터내셔널리스트 New Internationalist』

《아주 특별한 상식 NN―과학》

과학, 멋진 신세계로 가는 지름길인가?

제롬 라베츠 지음 | 이혜경 옮김 | 값 9,500원

유전체학과 로봇 공학, 인공 지능, 나노 기술로 인한 경제적 발전은 없을 것이라고 단언하면서 미래 과학이 우리 건강과 부에 어떻게 공헌해야 할지, 과학의 약속은 앞으로도 유효할 것인지 묻고 있는 책이다. 사명감을 지닌 모든 과학자들과 과학의 역할과 문제점에 대해 고민하는 누구라도 꼭 읽어야 할 책이다.

"과학은 여전히 거대한 지적 경험이지만 지금은 금전적인 이익이나 권력, 특권 따위의 수단이 되고 있다. 지난 반세기 동안 과학은 그릇된 방식으로 쓰여 왔다. 우리는 낡은 생각과 가설들을 버리고 과학에 새롭게 접근해야 한다. 제롬 라베츠의 《아주 특별한 상식 NN―과학》은 '탈정상' 과학으로 우리를 안내한다. 우리는 이 책을 통해 낡고 단순화된 과학의 확실성과 타당성에 대한 기존의 사고를 뛰어넘을 수 있다. 이 책은 새롭게 쓴 과학의 역사를 신선하게 담고 있고, 여러 가지 과학적 질문들도 담아 놓았다." ―『뉴 인터내셔널리스트 New Internationalist』

《아주 특별한 상식 NN—기후변화》

기후변화,
지구의 미래에 희망은 있는가?

디나르 고드레지 지음 | 김민정 옮김 | 값 9,500원

이 책은 지구 온난화가 어느 정도로 진행되어 있는지, 기후변화가 미치는 영향과 그 원인은 무엇인지, 각국 정부와 세계기구의 해결 방안은 무엇인지 상세하게 밝히고 있다. 기후변화의 위험성을 강렬하게 폭로하면서 비판적인 정보를 풍성하게 제공해 준다.

"최근 기상 관측 기록들이 보여 주는 열파, 허리케인, 가뭄, 홍수 등은 이상기후의 단적인 예들이다. 오늘날 뉴스에 자주 언급되는 심각한 기후변화는 더 이상 놀랄 만한 사건이 아니다. 자연의 급격한 변화는 위기를 피부로 느끼게 하고 있으며, 인간의 지식으로는 해명하기 힘든 기후변화 때문에 두려움은 점점 커지고 있다.
《아주 특별한 상식 NN—기후변화》는 기후변화로 인한 건강상의 피해, 농작물이 입는 피해, 야생동물이 입는 피해 등의 과학적 사실과 더불어 기후변화를 해결하기 위한 정치적인 협상 쟁점까지도 수록하고 있다." —『뉴 인터내셔널리스트New Internationalist』

《아주 특별한 상식 NN—공정 무역》

공정한 무역, 가능한 일인가?

데이비드 랜섬 지음 | 장윤정 옮김 | 값 9,500원

공정하지 못한 무역은 삶을 해치거나 피폐하게 하고 결국 세상을 망가뜨리지만, 공정한 무역은 삶을 윤택하게 하고 세상을 변화시킨다. 이 책은 오늘날의 세계에서 공정 무역은 어떤 의미를 지니고 있으며, 실현 가능성은 어느 정도인지를 밝히고 있다.

"다국적기업이 그토록 선호하는 '자유' 무역은 세계화와 세계무역기구의 노력에 의해 세계 모든 곳에서 공공의 관심의 대상이 되었다. 하지만 이에 대한 대안은 과연 무엇일까? 《아주 특별한 상식 NN—공정 무역》은 이 질문에 답할 수 있는 좋은 아이디어를 제시해 주고 있다. 이 책은 주류 경제가 우리가 소비하는 물건에 부여한 마케팅으로 점철된 허상을 벗기고, 그 이면에 숨겨진 진정한 이야기를 보여 주고 있다. 소비자와 생산자, 부유와 빈곤, 그리고 남반구와 북반구로 갈라진 세계에서 이미 현실로 나타나고 있는 바람직한 대안들을 제시하고 있는 것이다. 이 책은 아주 복잡한 문제를 둘러싼 논쟁거리를 끌어 모아 중요한 핵심 개념과 사실 관계로 요약해 내고 있다. 그 결과 현실적이고 이해하기 쉬우면서도 진보적인 길잡이가 나오게 된 것이다." —『뉴 인터내셔널리스트New Internationalist』

《아주 특별한 상식 NN-세계화》

자본의 세계화, 어떻게 헤쳐 나갈까?

지은이 l 웨인 엘우드
옮긴이 l 추선영
펴낸이 l 이명회
펴낸곳 l 도서출판 이후
편집 l 김은주, 김진한
표지 · 본문 디자인 l Studio Bemine

첫 번째 찍은 날 l 2007년 3월 30일
두 번째 찍은 날 l 2008년 6월 20일

등록 l 1998년 2월 18일 (제13-828호)
주소 l 121-836 서울시 마포구 서교동 325-1 원천빌딩 3층
전화 l 전화 (대표) 02-3141-9640 (편집) 02-3143-0905 팩스 02-3141-9641

ISBN 978-89-88105-85-6 04300
ISBN 978-89-88105-84-9 04300 (세트)

이 도서의 국립중앙도서관 출판시도서목록(CIP)은
e-CIP 홈페이지(http://www.nl.go.kr/cip.php)에서 이용하실 수 있습니다.
(CIP제어번호: CIP 2007000775)

값 9,500원